開啟你的超級心智

華人世界第一本終極潛能ESP啟蒙書

荷光 著

◆好評推薦

西瓦心靈術很好玩又神奇，台灣第一位認證老師荷光用深入淺出的方式，舉大量例證來介紹這門技術，有興趣的人不要錯過這本實用又好讀的工具書喔！

——張德芬（身心靈作家）

西瓦心靈術是近代研究心想事成科學的先驅，不只有心理、心靈上的理論，更有具體的操練技術及工具，在國際上享有盛名已久。坊間自「吸引力法則」「祕密」流行以來的眾多心想事成課程中的技巧，其實都可看到向其學習及致敬的影子。

荷光老師發揮了建築師／設計師的優秀特質，掌握清晰定位的敏感度跟全盤考量的謹慎，寫出了這一本架構完整、邏輯清晰、深入淺出的書，道出了西瓦超心靈感應ＥＳＰ的核心精華原理和心法，是有志學習或了解此法門的同學必讀的入門書，推薦一讀！

——周介偉（光中心創辦人）

二〇二〇年三月，正當全球疫情蔓延之際，當時台灣還算相對安全，所以我才有機會上荷光老師的荷西．西瓦超心靈感應ESP課程。自己平常瞎玩、瞎練的超感知能力，終於有了系統性的學習與驗證，讓我的靈性體驗正式接軌到了腦波科學。

照著荷光老師在課堂上教我們的步驟，我居然成功把眼前的白開水變成了指定口味的水，也成功遙感了信封裡藏物主人的身心狀態。讀心術、千里眼……這些宛如哈利波特魔法學校的課程，現在都在這本書中，等著我們重新設定生命程式碼，將沉睡的心腦喚醒。

如果地球上每個人都能與高層智慧連結，開啓最大的心智潛能，瞬間升級成新版的人類，那麼我們當下就能恢復「地球即天堂」的原廠設定！

——李欣頻（作家．創意人）

CONTENTS

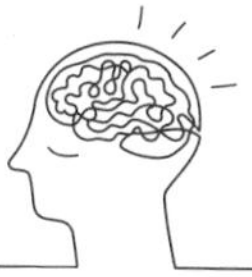

好評推薦 003

前言：人類心智啓蒙導師——荷西．西瓦 011

第一章　人類第二階段進化

人類天賦本能ＥＳＰ 030

接通彼岸休士頓總部 036

一切從降低腦波開始 043

•【開啓你的超級心智】倒數冥想 050

人類大腦的生長週期 051

神奇α腦波連結潛意識 059

核心練習的放鬆三部曲 066

•【放鬆三部曲①】身體放鬆 068

•【放鬆三部曲②】心理放鬆 071

•【放鬆三部曲③】深層倒數，進入核心 073

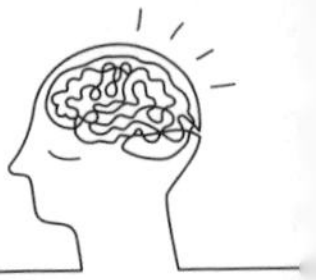

CONTENTS

第二章　心想事成的祕密

宇宙運作的法則　078
•【顯化你的願望①】「三場景」技巧　084
•【顯化你的願望②】成功設定的宇宙法則　085
能量模具的塑造　086
•【能量大掃除】檢視你的能量模具　093
視覺化與想像力　094
•【開啓終生全腦運作模式】住家遙視練習　098
關鍵的情感畫面　102
•【創造人生新場景①】回顧熱情畫面　104
•【創造人生新場景②】遇見貴人　105
拿回人生主控權　110
人生藍圖與導師　116
•【西瓦超心靈感應2.0】心靈影片　122

第三章　開啓天賦潛能

番茄與水的實驗　126
連結宇宙物聯網　133
•【萬物皆是能量】光圈觀察練習　135
•【有效感官投射①】物質探測　136
•【有效感官投射②】水果探測　140
接觸感應與靈視　141
•【手感與靈視練習①】能量手感練習　143
•【手感與靈視練習②】接觸感應練習　144
大腦X光透視儀　148
•【透視練習①】寵物透視練習　151
•【透視練習②】人體透視練習　153
神奇的健康案例　156
創造專屬療癒室　163

CONTENTS

第四章　迎接未來新世界

改變身體的振動頻率　172
從療癒找到人生鑰匙　178
重新設定生命程式碼　185
更新大腦的操作系統　191
建立與高層智慧的連結　197
開啓新人類心智潛能　204

後記：心靈覺醒與學習之旅　211

開啓你的超級心智

前言

人類心智啓蒙導師——荷西・西瓦

遇見荷西・西瓦（José Silva），完全是誤打誤撞。我爲了調理長期的身心失衡，開始研究在西方形成新勢力的整合自然醫學。我在二手書店搜尋大腦相關書籍，無意中發現了關於大腦健康與營養的書，內容揭開了人類長久身心失衡的謎團，我因此將研究方向轉向了腦的運作。

在搜尋大腦相關資料時，兩本關於「心靈圓夢術」及「天賦ESP直覺力」的書籍吸引了我。有個聲音告訴我，這可能是某種鍛鍊大腦的方法，這兩本書都跟荷西・西瓦有關。我快速翻閱這兩本書，其中降低腦波爲α波的調頻方式十分吸引我，另一個引我好奇的是ESP（超感官直覺力）三個字。長期埋首於心靈探索的我，對這個縮寫名詞很陌生，上網查資料得知是關於「直覺」「通靈」「心靈感應」。國內這方面的資料很稀少，甚至有些神祕色彩，更不用說有本書可以教你如何鍛鍊了。

尋找最後一塊拼圖

據我了解，「通靈能力」是古代神祕學院失傳的技術，有些書籍提到猶太教及薩滿巫師有類似的教導，我接觸的道教修練也提到所謂的「神通」，但西瓦這套方法強調是經過「科學驗證」的系統，科學基礎建立於儀器對腦波的研究。這些研究完成於上個世紀中後期，所開發出來的ＥＳＰ教學系統，隱藏了數十年後，在上世紀末公布於世，因爲西瓦先生認爲之前「人類沒準備好」。

書中提到了許多成功案例，很多人透過「視覺」及「想像」來做設定，解決了生活中的問題，有些人開發了新的事業或發明，這跟書中提到的「三場景」（Three Scenes）技術有關。西瓦是個虔誠的教徒，認爲人生中許多的轉捩點，與上帝一連串的暗示有關，因此開發出與「高層智慧」溝通的方法，也就是他離世前公布的「心靈影片」（Mental Video）技巧。

快速翻完了這兩本書，我當下的結論，這可能又是類似「祕密」系列的噱頭，或其他心靈激勵類的老哏。闔上第二本書前，我無意間瞄到一個網址並記了下來，之後這件事就跟平常一樣，被遺忘到了角落。

經過一陣子，整理書桌時，那張紙條跑了出來，於是我上網查詢了美國官方網站的相關資料（https://www.silvacourses.com/），並申請了五堂改變人生的免費課程。首先，我收到了一封歡迎郵件，接下來的五天都收到課程的資料。我打開網站連結，跟隨網頁中音頻的靜心導引，學習身體、心理放鬆步驟，以及進入「α核心層級」的倒數練習。我剛開始聽英文導引時沒什麼特別感覺，覺得只不過是一般的放鬆催眠，我學過許多的靜心、靜坐，但從來沒有那麼心神安寧過。之後我回想，就是這五堂官方免費課，一路引導我到「潛能教練」以及現在的這本書，因此我也將免費課翻譯成中文，親自錄音後將音頻製作成影片，上傳到YouTube頻道「台灣西瓦超心靈感應」，並命名爲「改變人生的五堂課」。經過長期的心靈探索與學習，我明白自己正處於關鍵的時刻，人生謎團拼圖的最後一塊似乎已經被找到，換個正確的說法，「高層智慧」已給我明確的暗示。

認識荷西·西瓦

許多人的人生重要導師——荷西·西瓦先生出生於一九一四年，生平致力於超心理學（parapsychology）研究，開發出兩套學習系統，可幫助人類提高IQ，同時增加ESP（直覺、通靈）能力。在早年耗時費力的研究中，荷西·西瓦只公開了一套系統「西瓦心靈術」（Silva Method），在一九九九年去世前兩年，西瓦先生才終於公布了「西瓦超心靈感應」（Silva UltraMind ESP）系統，一套有別於舊系統（西瓦心靈術）的劃時代發明。

這套教導，西瓦早年不敢公諸於世，因爲當時他認爲人類還沒有準備好；在進入千禧年之前，他才認爲人類應爲進入「第二階段進化」而準備。新系統的核心信念與切入點，與舊系統有很大的差異。舊系統偏向心理學小技巧的運用，許多手法類似催眠與暗示，主要目的在應付生活周遭情況，改善生活品質；新系統則站在較高層的視角，強調人類及宇宙的「一體性」，並積極主動連結「高層智慧」，藉由高層的力量來共同完成地球改造，喚醒並落實個人被派來地球的任務。因此省略了一些無關痛癢的小技巧，把主要訓練投注在個體的心智潛能ESP開發上。

西瓦先生一生有許多傳奇。他從沒進過醫院也沒生過什麼大病，還有人生各方面都成功的十個小孩，他起初是爲了幫助孩子的課業而研究心理學及催眠。出生於德州南部小鎮拉雷多（Laredo），身爲墨西哥移民第二代的荷西．西瓦，幼年生活艱苦，雙親早逝，四歲成爲孤兒，六歲開始到處打工，自學直到成爲德州南部最大電器維修商，沒有正式文憑卻能執教於德州知名大學，且之後影響美國教育深遠，從小學到大學很多都採用西瓦的系統。他發明了一套訓練系統，能讓平常人像天才一樣使用大腦，並開啓人類隱藏的終極心靈潛能，其中包括遙視、透視、預知及讀心術等。

荷西．西瓦年輕時，利用維修電器學來的電子學知識，使用腦電波儀（EEG）做各種實驗。到了一九四四年，荷西．西瓦公布他的發現，當時的正式名稱爲「西瓦心靈控制」（Silva Mind Control），並於一九六六年開始公開教授他所研發的訓練系統。在沒有任何廣告的推廣下，數十年來完全靠畢業學員的口耳相傳，全世界有數百萬人學過這套系統，包括企業家、醫師、科學家、藝術家及心靈作家，早年美國中情局的遙視計畫，也得力於西瓦的研究。截至目前爲止，全世界共有一百個國家、二十九種語言、上千萬本出版書籍，都來自荷西·西瓦的教導。

荷西·西瓦在人類心靈層次上的貢獻，莫過於他的研究與發現——「轉化隱密的潛意識爲可探觸的內在意識」。透過心靈設定創造新的人生版本，取代過去信念形成的舊模式，一勞永逸解決健康療癒、人生藍圖、心想事成等重要課題，以及關於我是誰、我從哪裡來、要往何處去等人生大哉問，這些都在進入內在意識、連結上高我後獲得解答。

荷西·西瓦的人生故事訴說了一個事實：他觀察出高層智慧對他的引導。他從小對耶穌有特殊的感情，辦公室掛了一幅耶穌與小男孩像，畫中的小孩就好像西瓦的投射。在那個保守、艱困的年代，處於美國偏僻的墨西哥移民小鎮，荷西·西瓦的研究受到科學界與教會排擠。某晚他看著心理學報告，突然悲從中來，想到自己把賺來的錢都花到研究上，忙於研究也疏於照顧家人，傷心失望之餘，他萌生退意，於是在沙發上哭了起來，不知不覺睡去；之後回憶在睡夢中的奇景，他忽然看見天空大亮如白晝，心中驟然湧現「耶穌是孤獨的靈魂」念頭，結束前空中出現兩組數字。

無獨有偶，不久後某個雨天，西瓦的兒子全身濕透跑進屋內，在桌上留下一幅乾的畫卷，打開後發現畫中的耶穌正盯著他。之後更發生一連串際遇的巧合：當他替妻子買酒時，在朋友慫恿下順道買了一組樂透，於一九四九年獲得多年未出現的一萬美元大獎，中獎彩券中的一組數字，正是不久前出現在西瓦夢中的兩組數字之一，這一連串巧合激起他繼續研究的動力。

荷西・西瓦從拿破崙・希爾（Napoleon Hill）的研究中，發現鋼鐵大王卡內基、汽車大王亨利・福特、燈泡發明人愛迪生等人似乎都相信有某種引導，將他們帶往了追求成功的道路。不像這些人有顯赫背景，沒有文憑的荷西・西瓦認爲，這些人共同的信念必有其道理，他認爲一連串巧合是高層智慧的暗示，這個領悟奠定了西瓦在人類心智研究的基礎，也爲將來的「西瓦超心靈感應系統」埋下了種子。

超心靈感應系統

當我完成了五堂免費課之後，心裡猶豫著要不要上官方課程，但根據過往的經驗，我還是留下了資料。我一直相信冥冥中的指引及帶領，或許這是通往下階段的另一個安排。不久後，我收到了教練凱瑟琳（Katherine Sandusky）的來信。凱瑟琳曾經在荷西．西瓦創辦的教育機構工作過，當時她可透過辦公室玻璃看到西瓦先生工作的情形，目前她是原班人馬中少數還在教授課程的人員，一對一的遠距視訊課程就這麼展開。

爲了解決與美國時差的問題，我們協調彼此的時間，不是一大早就是在晚上睡前，我事後回想才意識到，這兩個時段大腦最容易達到 α 波。在每次課程中，會有一到兩次的「核心練習」（Centering Exercise）導引，在晚上的課程後，教練會建議我立刻上床睡覺，順便把「心靈影片」播放一次。夜晚上課的那段期間，睡眠品質特別好，之後只要有學員參加視訊家教課，我都會安排在晚上的時段，三個小時的課程結束後，我也建議他們立即上床，有些學員的睡眠障礙從此獲得大幅度改善。

「核心練習」是西瓦系統的基礎必修課，這是透過催眠引導，將你帶進大腦頻譜的中心「α 波」，而且不光只是達到這個腦波，重點是有意識地停留在那裡。另一個基本練習是「住家遙視」，這是一個經過催眠導引，將心智投射回住家，並進行探測的練習。這兩個基礎練習目的是「調腦波」與「心智投射」。

在我進行首次二十七分鐘長的英文「核心練習」時，我發現自己很難集中注意力在導引的內容，後來我明白要將腦波降至 α 波需要一段時間的鍛鍊，很難在短時間內做到。隨著練習次數增加，會明顯感覺融入其中，在享受放鬆的同時，感覺不到時間的流逝，整個過程感覺不到幾分鐘，這就是進入潛意識的深層狀態。「住家遙視」對我來說非常容易，我天生具有想像力（創造性的視覺化），設計專業的背景更讓我如虎添翼。在我教授的工作坊中，遙視練習屬於初階、最容易的課程，所有學員經過我的導引後，都能輕鬆完成這項鍛鍊。

在西瓦的學習系統中，全程都仰賴「催眠導引」，經過訓練有素的專業講師在旁引導，多數人都可進入 α 波層級，跟隨指引，在心靈層級做操練。這是一個嚴謹的操作系統，經過西瓦先生二十二年的反覆實驗，五十年以上的教學論證，每個用語都再三斟酌，冗長的催眠導引詞有時會讓人不慎睡著，但每句話都對潛意識有特殊的意義。因此我在翻譯成中文時特別謹慎，必須了解其深層意涵，才能達到原本設定的效果，也從教授課程中獲得領悟與成長。我常對學員說催眠過程盡量放鬆，導引詞是唸給潛意識聽的，即使不懂英文，右腦也會自動翻譯成心靈的語言，所有擔心都是多餘的。我在上凱瑟琳的視訊課時，許多英文專有名詞都不懂，之後看官方的英文資料，才逐漸清楚課程的內容，但這些都不影響我上課時的表現。因此，我常強調把左腦放一邊，在學習中盡量不要思考，心無罣礙的情況下才能開啓心靈感官。

「西瓦超心靈感應」系統只保留去蕪存菁的兩大設定技巧，一個是原有的「三場景」，另一個是新增加的「心靈影片」。這兩個技巧都在初階課程的後半段，學這兩個技術的先決條件，必須先熟練藉由調頻進入 α 核心層級，及快速地利用視覺化將心智投射到遠方。學員報名我的官方課程都會拿到兩本資料，學員手冊及官方出版書的中文版，即使在資料中及課堂上清楚講解設定技巧的步驟，但多數人還是不會操作。因此，建議讀者必須在家練習，先熟練「核心練習」及「住家遙視」，並且熟讀本書中相關技巧的運用原理，把「降腦波」及「視覺化」兩件準備工作做好，按部就班地耐心鍛鍊心靈感官。本書的內容安排依照官方課程的順序，依階段由淺入深，切勿跳過步驟練習，書中的心靈知識及相關科學理論，是我二十多年的學習與教學領悟，結合荷西．西瓦的研究與課程基礎，是在美國官方課程也得不到的寶貴資料。

本書也介紹了官方進階課程的內容，在未經官方授權講師的引導下，一般人不容易開啓基本心靈感官，除非你是個強大的天生通靈者，否則自學者很難自行操作進階課程中的練習。但爲了揭開ＥＳＰ（直覺、通靈、心靈感應）的神祕面紗，爲了推廣西瓦畢生研究的精髓，也就是「西瓦超心靈感應」這套學習系統，因此我把上課的關鍵流程及重要理論公布出來，希望能爲你開啓心靈知識這道門，擺脫左腦物質世界的綑綁，開啓人生新視野。

回顧我在美國官方進階課程的摸索過程，在缺乏信心及語言生疏的情況下，最終我還是順利完成課程，並且獲得美國教練的讚賞，凱瑟琳認爲我是天生通靈者。當出版社找我寫這本書時，我的直覺立刻定位爲：針對華人的心靈潛能ＥＳＰ啓蒙書。本書整理了許多從教授中領悟的原理，分享了學生的成功案例，這些都只是個開始，我們在心靈學習的旅程上，還有很長一段路要走。

選擇西瓦的道路

想像一下，如果能連結高層智慧，讓祂引導你，做出人生中正確的決定；如果有個嚮導能預知前方的道路，引領你踏上成功、快樂與富足——這些應該是每個人天生就具備的，我們被派到地球執行任務，就該備有工作所需的資源，但爲什麼許多人還是無法成功、快樂與富足呢？答案是：「我們訂錯了目標，用了錯的方法，當然會得到錯的結果。」大部分人只做自己想要做的，而不思考自己被派來應做的事；多數人只靠自我的力量，而不知道向高層借力，完成人生使命同時獲得豐收。在我接觸的許多個案中，即使獲得成功的人仍質疑自己的努力有何意義，功成名就後回想一生的忙碌，留下的只有挫折、沮喪、困惑與不足，讓我不禁思索，人生是否有別的道路可走。

在我完成美國官方課程後的一年，這個答案自動來到我的身邊。這段期間我辦讀書會與公益演講，分享我研究的大腦與心靈知識，但不包括西瓦教導的資料。在好幾次的活動中有人問我何時開課，那個時候我不知道可以教什麼，但我的意識深處告訴我，這或許是我被派來地球的任務。我學過臼井靈氣、NLP神經語言學、情緒密碼，並都獲得官方授權的證書，但直覺告訴我，這些都不是我應該教授的，而雖然西瓦的系統在東方知名度不高，或許我應該把它引進。事後我才憶起，美國教練凱瑟琳很早就提過，希望我在台灣教授「西瓦超心靈感應系統」。我工作坊的一名學員表示，西瓦早年在台灣曾風行一時，當時有位軍方高階將領邀請美國講師來台，教授舊系統（西瓦心靈術）課程。隨著時間流逝與人才凋零，荷西．西瓦的教導逐漸為人淡忘，他去世前公開的「西瓦超心靈感應系統」始終沒有踏上台灣這塊土地，直到二〇一九年才由我代理引進這套新系統。

選擇西瓦的道路有許多的巧合與理由。有別於其他心理學及形而上的心靈學習，西瓦融合這些知識與技術，以科學可驗證的方式發展成系統，強調日常生活中的運用，改變環境同時獲得自身的利益。我在免費課程「改變人生的五堂課」中揭露了這些好處：「你將學習使用強大的α腦波、學習如何發展自己的天賦直覺、學習心靈技巧以成功設定目標，以及從高層智慧得到導引及協助，了解我們從哪裡來、為什麼在這裡、我們的人生目的是什麼。」西瓦以身作則證明，在有意識地處於α波的情況下，將潛意識轉換到內在意識，在這個心智層級將會提升你的健康、家庭、事業與生活品質；你的免疫系統將被強化，生理機能得以恢復正常，除了消除壓力荷爾蒙，也能同時減緩老化速度；這也能幫助你提升分析資訊的能力，允許心智獲得更多訊息，讓你做出更好的決定；你將學會解決更多問題，感覺會更好、更有活力，也更能充分享受人生。

在選擇西瓦的道路上，以上這些只是附加利益。重要的是，你將學會開啓人類終極潛能ESP，檢測生活中隱藏的信息——像看書一樣閱讀人，立即知道他人是否告訴你眞相，了解人們的眞實想法和感受，透過觀察就可以察覺他人的意圖；將心智投射到世界上任何地方來偵測信息，你不須在同一個地方就能察覺任何人的心思；學會相信自己的直覺後，你就能做出更好的決策，運用影像化來修正方向，克服障礙並解決人生問題。

在西瓦的道路上，你將開始學會創造人生。我的教練凱瑟琳送我一本關於創造力的書，她在書中寫道：「創造力不僅是畫畫、寫作、編曲、表演或發明，除此之外，創造力是面對每天的挑戰、解決問題的一種能力。」她在課程中鼓勵我發揮創造力，也將創造力運用在對孩子的教育，以及自創的西瓦教學事業中。美國的教育系統培養出許多天才兒童，這些有才華的孩子在最短的時間內，除了完成課業還學會各種才藝，並培養出獨立思考與解決問題的能力，西瓦的教導對西方文明的啓發不言可喻。

人類文明的轉捩點

回顧人類發展歷史，我們創造了豐盛的物質文明，這是人類第一階段的進化。隨著文明快速發展，我們來到了關鍵的轉捩點，也就是荷西・西瓦所稱的「人類第二階段進化」。人類將擴展心智潛能，創建前所未有的心靈文明，人類的遠古先人曾經達到這個階段的頂峰，這次能否突破，就要看人類集體意識的發展。荷西・西瓦強調，我們在這個階段應從高層智慧得到引導與協助，完成此生被派來的使命。他發展出與高層智慧溝通的方法，所要教導的就是在你的有限生命裡，幫助你創造更美好的人生。

關於我們爲何而來、爲什麼在這裡、人生目的是什麼，身爲人類心智及意識研究的先驅，荷西・西瓦在五十五年的科學研究及體驗中，發現了這個宇宙大哉問的解答。在一次簡短的演講中他揭示：「我們現在能做的就是改善地球生活品質，把這個星球轉化成我們能享樂其中的天堂。」

荷西・西瓦得到高層智慧的暗示與指引，超心靈感應系統經過二十多年的耕耘與發展，隨著歲月流逝，第二代西瓦家族成員及講師大多已年邁，人才面臨斷層的問題。目前全球仍有三十位官方授權講師，這些合格講師除了融會貫通理論，還必須藉由實踐獲得信心，將自身實證的經驗傳授給他人。這些人大多擁有與生俱來的敏銳直覺力，接受人生藍圖安排的使命，並能領悟及接受高層智慧的指引，能夠教導這套系統實屬難能可貴。

西瓦的超心靈感應造就了許多奇蹟，全球許多人透過學習這套課程擺脫了舊的大腦操作系統，喚起強大的心靈能力，成爲具備心智潛能的新人類，改變了人類近代的文明發展。西瓦先生曾說若每一個人都推薦兩個人來學習，十年內將有五百萬人學會使用核心練習，進入 α 波層級解決問題。事實上到目前爲止，全球已經有六百萬人學習過這套系統，這是我們的世界越來越進步的原因。

在寫這本書的同時，世界正經歷許多天災人禍，因爲巴西及澳洲森林的大火肆虐，地球喪失了調節空氣汙染的綠肺，數以億計的生物在野火中喪生；所幸在心靈覺醒的人類發起祈福靜心後，突如其來的大雨如天降甘霖，肆虐大地的惡火終於被撲滅，這也是近代人類第一次運用心靈力量來救災。祈禱的時候，相信很多人利用視覺化看到了災情慘況，在心靈影像中也都創造了安全平安的願景。

在東方，火山爆發引起地震及海嘯，各種自然災害顯示地球的反撲。爲了經濟而犧牲環保，工業汙染危害人類健康，人們還未從西方的前車之鑑吸取教訓，至今尚在摸索的路程中。西瓦先生在八〇年代創立了拯救星球計畫（https://leavebehindabetterworld.com/），爲了讓更多人因爲西瓦全方位靜心而獲益，西瓦先生在錄影中解釋了如何幫助所愛的人，以及如何在地球上創造靈性天堂。

第一章

人類第二階段進化

人類天賦本能ＥＳＰ

今日在東西方，不時有天生特異功能者，能夠隔空移物、遙視、預知未來、影響他人心智，有些天賦異稟的小孩智商特別高，心靈能力也超乎常人。近代以科學方式研究人類潛能始於三〇年代，美國北卡羅萊納州杜克大學的超心理學教授萊恩博士（J. B. Rhine）及他的妻子啓動了「超感官接收」（Extrasensory Perception）調查工作，在實驗室展開大規模測試，並採用同事卡爾・齊納（Karl Zener）發展出的齊納卡片（Zener Cards，不同顏色的簡單幾何圖形卡，又稱ＥＳＰ卡）。他們請傳送者看卡片，然後由受測者猜測。他們隱藏卡片，請受測者用遙視來偵測，或者讓受測者預測卡片被安排的順序。

當時許多心理學家質疑這項實驗，並重複做了同樣的測試，結果都以失敗告終，提不出關於超感官接收、遙視及預知的證據。直到六〇年代，ＥＳＰ又開始爲世人重視，大批學者專家投入研究，其中佼佼者就是荷西・西瓦。他深受超心理學吸引，飽覽心理學書籍及研究報告，對他來說，萊恩博士的研究彷彿是汪洋中的明燈。那時候電子設備並不發達，許多儀器還未研發出來，但二戰之後軍事科技突飛猛進，以科技設備研究ＥＳＰ成爲新的里程碑。

坎農的實驗

西瓦在研究中，偶然發現了英國研究人員亞歷山大·坎農（Alexander Cannon），他研究了輪迴和星體投射等事物，並得出了一些結論。

坎農發現，當他用催眠使人們的年齡倒退，並把他們帶回出生之前，對方會聲稱自己是另一個人。西瓦對輪迴的調查中也發現同樣的情況：從這一生到下一生會有三年的等待期。西瓦從研究中得到結論：人們可以用心智獲取信息，信息則存在於過去、現在和可能的未來。

坎農的另一個研究概念是星體投射，基本假設是人可以投射出星光體，而物質軀體則留在原地，兩者之間將由一根「銀線」連接起來。坎農的實驗試圖證明人擁有星光體，並能將星光體投射到不同的位置。西瓦研究了這個現象，並從坎農停止的地方繼續研究。他不相信星體投射的想法，而認爲人在深度靜心中放鬆時，可能會經歷一些意想不到的生理感受，例如漂浮或出體現象，都是深度放鬆狀態下內耳失去平衡所致，再加上生動的視覺化和想像力，甚至會覺得自己在回頭看自己的身體。

提出「心靈投射」理論

於是，西瓦提出「心靈投射」理論，並用簡單的實驗來證明。他請助理到不同的地點，兩人各找一名男孩在身邊，並讓助理身邊的男孩來猜測另一邊的孩子在想什麼。西瓦對身邊的男孩下了一些指令，希望他在腦海中創造一輛從來沒看過的車子。男孩用視覺化想像了一陣子，接著另一個房間的孩子閉上眼睛，脫口說出：「他造了一輛玩具卡車。」並描述了玩具車的細節。

西瓦的實驗證明，我們可以在另一個維度用心智創造東西，在同一個維度的人可以探測並描述它。而在坎農的實驗中，不同房間的男女，被觀察到出現在同一個房間。西瓦認爲受測者把自己投射在同一個房間，在另一維度創造了身體圖像，就好像小男孩在另一維度創造出玩具車。實驗也顯示，觀察者必須調頻到特定意識狀態，才能在另一個維度觀測到「被創造的實體」，這些類似的研究爲日後人類ＥＳＰ的開發打下了基礎。

西瓦先生在以自己的孩子爲受測對象，以及與其他專家共同參與的相關實驗中，讓觀察者在健康的情況下直接從受測者大腦中獲取信息，並檢測得到的信息是否正確，驗證準確的原因。西瓦先生認爲，當你能夠透過心智直接接受信息，並使用這些信息來修正問題，爲什麼還要透過其他複雜又不準確的工具，經歷錯誤與不斷調整的風險？

西瓦廣泛研究催眠、水晶球凝視、塔羅牌、靈擺、顯靈板、探測棒、通靈、星體投射、轉世、占星術、命理學等。他認爲古代的人缺乏足夠的知識，他們用眼睛尋找天空中星光的位置，搜尋周圍所能觀察到的關聯，這是左腦半球處理事情的方式——其實，學習用右腦直接處理信息更容易、更可靠。

右腦與心靈感應ＥＳＰ有直接的關聯，這意味著打開心靈感官，在心智的層級思考。這也是創造性的維度，代表我們能夠在此維度上創造想要的東西；一旦我們在心靈上創造，它通常就會在物理維度上顯現。

啓動「全腦運作」，像天才一樣運用大腦

ESP經常被使用在教育與學習領域。人有邏輯的左腦半球，它是「分析」和「科學」的，左腦告訴我們必須找到答案，即使這個答案是錯的；右腦半球是開放的、接受經驗的，主觀直覺的右腦探測物質層面的資訊，並且運用視覺想像力來解決問題。ESP能力的訓練被認爲與開啓「全腦運作」有關。

西瓦自創ESP鍛鍊法，幫助自己的孩子（他養育了十個孩子）的課業，除了提升孩子的學校成績，還有效提升他們的智商，這些都來自於他兒童時期的半工半讀經驗。

他透過自學考取維修電器執照並經營有成，他的公司曾是南德州最大的電器維修商。他以自修心理學與超心理學爲起點，同時結合電子學知識，開始研究人類大腦與心智的關聯，最後進入大學教授他的研究發現。西瓦先生沒有上過一天正式學校，他的成就與發現都是自學而得的，因爲他知道如何像天才一樣運用大腦。

同時期無獨有偶，東方的日本出現了「早教之父」七田眞博士，他致力研究學齡前兒童的ESP能力開發，與西瓦教導的技巧類似，強調右腦的「視覺化」

並結合「想像力」，開發出來的學習系統培育了許多天才。不同於七田眞較注重快速大量閱讀與長期記憶的開發，除了學習與記憶之外，西瓦先生特別注重「創造」這個人類最強大的潛能，以及如何讀取別人大腦的資訊，進行有效溝通或使用他人的成功經驗。

ESP的日常生活應用：運動、職場、健康、人際關係

在日常生活中，ESP的運用無所不在，許多運動員透過學習、甚至生來便能運用。當棒球選手上場打擊那一刻，腦海中已模擬出各種揮棒角度與姿勢，並觀想畫面中球可能的落點，接下來在腦海中擬定跑壘策略，這一切都在練習時透過視覺化來完成。芝加哥白襪隊的十四名隊員，集體參加西瓦訓練營，學習後大幅提升比賽成績。如果你想快速學會打高爾夫，運用這個技巧能讓你省去摸索的時間，重點不是你的身體如何擺動，因爲心智才是身體的指揮者。另外，工作中更常運用到ESP技巧，例如重要會議前可利用相同技巧來「預習」你的簡報，進入主管或同事大腦來進行溝通，或者你可以像銷售大師喬・吉拉德（Joe

Girard，編注：美國著名推銷員，金氏世界紀錄認可的世界上最成功推銷員，從一九六三年至一九七八年賣出一三〇〇一輛雪佛蘭汽車）一樣，提前知道客戶在想什麼——他對西瓦開發的系統讚譽有加。你也可以靠ＥＳＰ的天生直覺力來預知災難，中國大陸的西瓦合格講師就曾透過心靈感應發現飛機零件故障，預知並避免了一場空難。

當然，你也可以像其他學員一樣，用來改善家庭及親子關係，提升自我及家人健康狀況。西瓦先生曾創立全人信念療法系統（Holistic Faith Healing System），經常公益性地爲有困難的人解決疑難雜症。關於「人體透視」「健康案例」中的掃描與療癒技巧，在之後的章節中都會詳細介紹。

接通彼岸的休士頓總部

與許多科學新發現相同，西瓦對於ＥＳＰ的研究始於一個意外。當時他爲了找方法幫助七歲女兒的學校功課，跟許多家長一樣，準備了資料幫助小孩背誦、記憶，這個簡單訓練的結果卻讓他非常驚訝。平時他會準備某些科技文章或者傳記詩詞，希望孩子能夠記住；爲了達到平靜的心靈狀態，在開始之前會先做訓練來放鬆身體，有點類似催眠，但是可以提問與回答。

西瓦意外發現女兒能夠讀心

有次西瓦準備了一首詩給女兒伊莎貝爾背誦，還沒開始她就朗誦了詩中的內文，但那是下一首才要背的詩詞；女兒繼續朗誦其他詩詞，而且都是準備考她的下一首。她似乎能讀懂西瓦的心，當時他很難相信這個魔術般的情境。西瓦早已教會孩子提高智商的方法與技巧，於是立刻轉移訓練方向，改成加強猜測能力。首先他發展出一種實驗，看女兒是否能夠精確猜測他要講的內容，結果準確度越來越高。

在伊莎貝爾開發出讀心術後的兩、三年，在某個實驗練習過程中，西瓦跟女兒在同一個房間，她可以精確診斷房間另一個人的健康狀況。當時有個鄰居在芝加哥的姊姊長了腫瘤，於是西瓦讓女兒進入千里眼的層級，探測後，她告訴西瓦腫瘤圍繞在心臟附近，很難移除。鄰居馬上大哭說那是眞的。爲了再次確認眞實性，他讓伊莎貝爾探測了芝加哥那個房子內的狀況。她探測到一個女人在幫嬰兒換尿布及屋內的細節。事隔三個月，隔壁鄰居的芝加哥親戚前來拜訪，對這件事嗤之以鼻，但與伊莎貝爾當場對證後，這位親戚大吃一驚，屋內的小嬰兒以及描述的細節都正確。

ESP可以透過後天訓練養成

在這個實驗之前，西瓦做了很多遠距的測試，確認女兒的確有這個能力。當時這項發現是個重大突破，超心理學者也認爲IQ及ESP是可以被強化的，有些人帶著這些天賦出生。於是，西瓦開始學習超心理學並寫信給一些研究機構，得知他們在尋找有超心靈能力的人，西瓦就是這麼認識杜克大學的萊恩博士的。

萊恩博士表示訓練千里眼是不可能的，也許是受測者本身就有這個天賦，但西瓦仍然繼續研究改進千里眼的訓練技巧，在一九五三至一九六三年間訓練了將近四十名受測者成爲千里眼。

發現孩子有特殊天賦後的二十多年間，西瓦找了孩子的同學及附近有興趣的志願者，經過許多反覆的實驗及各種測試，西瓦越來越肯定ＥＳＰ可以經過後天訓練養成。第六感直覺的培養也能強化感官的敏銳度，只不過西瓦不認同這個能力是人類之外的多餘附屬品，而認爲這是人類原本就有的天賦潛能，只是沒有找到方式開發訓練而已。於是他把ＥＳＰ超感官接收改成「有效感官投射」（Effective Sensory Projection），因爲心靈感官不僅是接收而已，投射自己的心智到想要探測的地方才是關鍵。

人類左腦負責的感官——視覺、嗅覺、聽覺、味覺、觸覺——所接收的都是物質的反射波，例如光波、氣味、聲波、味道、質感，這些都是間接的資訊而不是物質原本的振動頻率，我們接收的是經過減損的資訊，因此又稱爲「客觀」資訊，僅供參考之用。相對的，**右腦主宰的直覺心靈感官，接收的訊息是物質的能量振動波，所以稱爲「主觀」資訊，屬於精確眞實的訊息。**

如同早期科學家被宗教組織撻伐一樣，西瓦被當地教會排斥，威脅要將他逐出教會並斷絕參與活動的權利。社會輿論總是對先知無情批判，歷史的重複教訓下，人們仍對未知的知識抱持懷疑及猜測。同時期的通靈預言家艾德格·凱西

（Edgar Cayce）就幸運多了，他受到廣大媒體報導，名門權貴登門絡繹不絕，導致凱西健康狀態不佳，他的家人得嚴格規定每日通靈解讀的數量。

由於通靈資料馬上可以驗證，不像心靈潛能鍛鍊需要花費許多時間，人總是希望得到立即可兌現的解答，不太願意經過長期學習鍛鍊，來獲得天賦直覺的本領。不過皇天不負苦心人，經過科學界不斷測試與驗證其研究後，西瓦先生最終被延攬到德州知名大學授課，甚至被要求匿名進行祕密科學實驗。未拿過任何正式文憑的西瓦能夠被嚴謹的學院接納，允許他的研究繼續在校園進行，在當時、甚至當今社會都是一件了不起的大事。

另一件不爲人知的大事發生在冷戰時期。當時美蘇處於冷戰高峰，核武競賽牽動全球安危，西瓦是個愛國主義者，決定把研究資料毫不保留地送給美國政府，接下來想當然耳音訊全無。隔年，美國中央情報局祕密成立了遙視小組，後擴大爲專門負責千里眼任務的部門。二十年來，中央情報局使用「遙視」來了解世界各地許多祕密地點的情況。

遙視是被稱爲「心智投射」或ＥＳＰ中的一項能力。心智投射意味著投射你的心智偵測信息，並學習使用右腦來偵測主觀（非物理）信息，然後將該信息轉換為可以理解的形式，例如心靈圖像、文字或感覺。

中央情報局為了確認遙視是否屬實，指派的第一個任務便是檢測俄羅斯建築物內部的物體。遙測者進入 α 層級，將心智投射到特定的位置，用頭腦來偵測有關建築物內部的主觀信息，然後在心中將這些信息轉化為心靈影像。一年半之後，當俄羅斯人將這個物體從建築物中移出，美國U2間諜飛機拍攝得到的證據跟遙測者所說的完全一致。同時期的另一項計畫，遙測者準確定位了十艘蘇聯核子動力潛艇的位置。

人類被派來地球執行任務

西瓦常說我們是來地球執行任務的。如果萬能的上帝能解決宇宙所有問題，為何需要人類來到地球上？因為我們是祂在地球的代表，這也意味者我們同樣擁有創造者所具備的能力與高度。西瓦在靜心時得到答案，表示：「**我們被送來這裡是為了修正問題，完成這個星球上的創造，轉化地球成為人間天堂。**」他總是在測試各種想法及理論，希望知道能否在現實世界解決問題。當我們試圖解決越多問題，就變得越擅長解決問題；在解決別人的問題時，也培養了解決自己問題的能力。在這個過程中，我們了解自己不是獨立的個體，而是整體的一部分；不是一起成功，就是一起失敗，但我們不會停止前進。西瓦認爲我們不只是人類，而是屬於更偉大整體的一部分；我們是不同生命智慧層級的一部分，要向更高的智慧層級回報工作。

高層智慧分派不同階級來管理不同銀河系，就像我們被分派到地球一樣。西瓦解釋這些智慧階層有些高、有些低，最高階的數量最少，被指派到需求較少的地方來監督，這可能就是我們所說的上帝。但上帝不可能照顧到每一個人，而我們的良知就是單獨個體的上帝——意識是靈性的存在與靈性使者，我們的良知告訴我們哪些該做、哪些不該做。

上帝不是物質性的，而是靈性的，所以上帝創造我們來照顧物質世界，經由我們來體驗。上帝以自己的形象創造了我們，便等同於上帝也顯化在地球上。我們運用生理感官來了解地球上發生的事，然後用心靈影像把資料傳回「總部」；位在「另一邊」靈性時空的高層智慧，透過一連串巧合來指引物質世界的我們，我們不用猜該怎麼做，只需要觀察高層智慧給我們的暗示，一連串的巧合意味著上帝伸出援手。西瓦舉了一個絕妙的比喻：**我們就像被派到另一個星球出任務的太空人，地球就是本次所執行任務的行星，我們只是任務執行者，不是策畫者，必須向遙遠的太空基地回報**，否則太空人無法執行下一階段任務。

「另一邊」的休士頓總部正等候著我們的音訊，只要調對頻率就可和幕僚團隊聯繫，他們知道任務的所有細節與程序，因爲你的任務計畫（此生的生命藍圖）被這些高層智慧（也稱作守護靈、天使、指導靈）保存、管理著。每晚當你進入深沉睡眠，大腦進入無意識 δ 層級時，也是我們的靈性體回到基地與高層存有回報並討論在地球的任務的時刻。

一切從降低腦波開始

東西方各種修練方式流傳至今，從達摩祖師於嵩山少林寺面壁九年發展到禪宗靜坐；印度傳統瑜伽及靜心演變爲風行歐美的現代瑜伽；道家先祖隱身山林修成證道，開啓人體特異功能；佛教高僧閉關入定，化成虹光或不壞金剛之身；中世紀修士讀經苦修，長期祈禱獲得天啓……這些看似遙遠卻又熟悉。

人類一直在追求某種狀態，透過技術挑戰自身極限，只爲了驗證肉眼看不到、摸不著的另一個世界，或者與「另一邊」取得聯繫。那個通往遙不可及處的祕密開關，似乎在我們身體之內，大腦透過一定技巧的鍛鍊，便可開啓這個神祕通道，接通另一個眞實的世界。

人類演化的關鍵轉捩點

我們正値新時代（New Age）通靈訊息爆炸的時代，不管來自外星還是不同次元「另一邊」的訊息都眞假難辨，催眠進入潛意識取得「阿卡西資料」看似稀鬆平常，二〇一二之謎似乎早已被人們淡忘，我也曾是追尋謎底的一分子。我所知道的是，人類正處於一個宇宙大事件的關鍵期，或許很多人已經發現這個世界不一樣了，集體意識（社會趨勢）在改變，且速度加快許多，一個小事件引起的蝴蝶效應，往往快速發展到幾乎不可收拾的地步（或往好的方面改變）。是什麼影響了人們的群體反應呢？社群就像一個極速的光纖網絡，如同電影《阿凡達》的潘朵拉星球，有一個隱形網絡將萬物連結在一起。在我們所處的地球上，這個銀色網絡的頻寬正在升級，就如同物質世界 5G 時代的來臨，那股看不見的能量正默默導引地球文明發展。是什麼讓這一切發展到當前近乎失控的狀態？是否我們正處於人類演化的關鍵轉捩點？

與我同爲戰後嬰兒潮後期出生的人，見證了兩個世紀間文明科技的突飛猛進、互聯網時代的來臨、社群媒體人數可抵一國人口的奇蹟。事情發生的速度越來越快，新發明、新觀念正在改變人類的未來。我們都帶著困惑，但答案始終莫衷一是，直到我接觸西瓦生前的演講，所有迷霧彷彿薄紗般一層層揭開。

天才與成功者的祕密：左右腦並用

如此短時間內，爲何有如此多新靈魂將新觀念帶到地球上？這些人有什麼不同？爲何以前沒那麼多？

這些新人類是先遣部隊的一支，過去就已經存在，只是鮮爲人知，**我們常稱之爲天才或成功者，他們使用大腦的方式與一般人不同：因爲他們的大腦用 α 波**

思考，β波行動。發現這個偉大祕密的，不是西瓦先生，而是拿破崙．希爾。

拿破崙．希爾透過朋友介紹，認識了許多美國創業家及發明家（包括鋼鐵大王卡內基），經過長時間研究與訪談，發現這些人的共同之處就是**左右腦並用**：用右腦思考，左腦來行動。這群人似乎天生就具備這項能力，但常人能否透過學習來獲得，拿破崙．希爾並沒有研究出結果。

拿破崙．希爾花了二十年研究世界上最成功的人，在一九二八年寫道：「倘若有人發現了模擬心智的人爲方法，喚起並超越它平庸停滯的狀態，如果這番努力具有建設性，此人肯定會得到名譽和財富。」杜克大學的萊茵博士耗費四十年研究超心理學，證明ＥＳＰ是眞實的，但也沒有找到答案。

西瓦偶然在書報攤發現了拿破崙．希爾寫的書，進而著手接續前人的研究。經過二十多年研究，終於在一九六六年開始教授西瓦心靈控制術（即目前通稱的「西瓦心靈術」），並在全球多國以不同語言進行教學，近千萬人透過學習受益。

鮮爲人知的心智鍛鍊系統：西瓦超心靈感應

西瓦沒有受過正式學校教育，卻寫了十多本書，以二十多種語言出版。在西瓦一九九九年去世之前，家人希望他整理原來的舊課程，他卻開發了一門新課程。事實上，這不僅是一門課程，他稱之爲系統，並命名爲「西瓦超心靈感應系統」。這是他早年一直想教的課程，但人類到現在還沒完全準備好學習這套系統。

西瓦四歲時成爲孤兒，一生全靠自學，從未上過學，爲了幫助自己孩子的課業而大量閱讀及研究，意外發現了心智和人類潛能的祕密。西瓦電子技師的經歷及對心理學、催眠和音樂的研究，給了他一套獨特的工具，能夠看到大腦頻率、心靈與人類實際相互作用。他花了二十二年挖掘這些祕密，是最早使用腦電圖儀觀察人類大腦內部的第一人，並據此研究超級成功者與普通人的關鍵區別，最終找到了成功的祕訣。

降低腦波，進入 α 波

西瓦發現我們的大腦最常處於三種頻率：β 波（Beta）、α 波（Alpha）、θ 波（Theta）。平時我們張開眼睛，立刻就在 β 波的中心（每秒二十拍的頻

率）；當我們沉思或靜心的瞬間，會處於 α 波的中心（每秒十拍的頻率）。

α 波是進入潛意識（內在意識）的門戶，人類每分鐘處於 α 波多達三十多次，但每次只能停留〇．〇幾秒。我們幾乎很難停留在 α 波，更別說是進入潛意識採取任何行動。有意識地停留在 θ 波更難，因爲這是通往無意識的門戶，回到彼岸（另一邊）跟高層智慧報告的頻率。接收上面來的靈感或發送訊息給高層智慧，都必須要在 θ 波的當下完成，否則很快就會墜入無意識的 δ 波（Delta）。在人類大腦最常發現的 θ 波是每秒五拍的節奏，剛好也是 θ 波的中心頻率。

在多年探索與學習之後，我發現要解決人在此世大部分的問題，就不得不進入冰山海平面下的潛意識領域，將接觸不到的潛意識轉化成可操控的內在意識，這就是所有關鍵裡的核心，好比收音機要調到正確的頻率，才聽得到特定的頻道。轉化潛意識的方法就是降低腦波，把自己的腦波降到特定的低頻並停留在那裡，那裡是我們的潛意識阿卡西，是記錄著宇宙生命歷程的終極電腦；更正確地說，那就像是所有生命的雲端伺服器，在那裡存取及上下載我們所需要的資料。潛意識的層級不受任何時空限制，在那裡，過去、現在和未來都在我們面前同一個維度，我們可以修正這個星球所有的問題，當然也包括我們周遭及自身的問題。

如何讓大腦處於 α 波是所有人的問題，答案是開啓你右腦的運作。科學家發現，**使用右腦思考時，大腦處於 α 波，因爲 α 波是右腦的頻率。然而，只有一〇%不到的人天生能夠左右腦並用，我們需要一個系統來鍛鍊右腦。**當我們眼睛聚焦或思考時，大腦便處於 β 波，β 波是左腦的頻率，大部分人一輩子都使用左腦思考，用左腦來控制身體的言行；換句話說，這些人生活在左腦的世界，不知道如何使用右腦，當然也不會處於較低的腦波。因此，我們受困於小我（左腦的世界）無法被釋放。

學習鍛鍊右腦及降低腦波，先決條件是擺脫左腦的控制，西瓦發明的核心練習就是鍛鍊右腦、訓練降低腦波最好的方法。開始核心練習前，需要先爲大腦暖身，深層倒數能幫助你降低左腦的運作，以及其對感官與身體的控制。

★開啓你的超級心智

倒數冥想

找一個舒服的坐姿閉上眼睛，從25倒數到1、50倒數到1、100倒數到1，用穩定的頻率來倒數。

在工作坊中，我會要求學員同時投射出數字，在眼睛不聚焦的情況下，於腦中想像在空中、黑板或任何媒介寫下數字。

別小看倒數，要順利完成這個練習其實並不容易。從小的數字開始練習，循序漸進到大的數字，這個方法可以幫助你收攝感官，聚焦於意識核心。

最好一天做三次，起床前、午餐後及晚上睡前，五到十五分鐘都可以。

不間斷地練習，一個月後自然會感受到身心變化。持之以恆一段時間，你很自然就會處於較低的腦波。

人類大腦的生長週期

神祕數字七

人類歷史上神祕的數字七被視爲靈性的代號。人有七竅與七個主要脈輪，第七個脈輪「頂輪」與宇宙意識的連結有關；北斗七星和昴宿七星與東西方文明有密切的連結；有些地區華人的習俗死後要做頭七，七夕代表分離情人的重聚，農曆七月則是離開的靈魂重返人間的時刻，人類從出生到離世的喜怒哀樂與數字七息息相關。除此之外，人體生長週期也是七年一個循環，稱爲「合成代謝週期」（Anabolic Cycle），不論在細胞或器官層級上，這個將小分子合成大分子的過程需要能量，透過能量的轉化，我們的細胞及器官不斷更新及成長，也就是說每隔一段時間，我們會創造出新的自己、不同的物質實相。

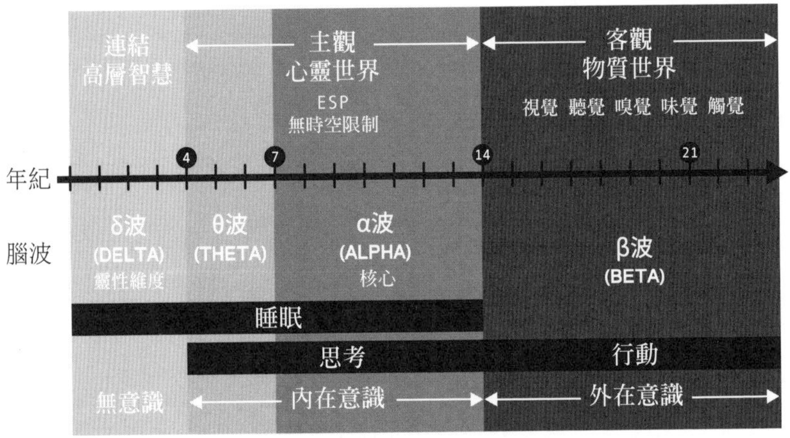
連結
高層智慧
主觀
心靈世界
ESP
無時空限制
客觀
物質世界
視覺 聽覺 嗅覺 味覺 觸覺
年紀
4
7
14
21
腦波
δ波
(DELTA)
靈性維度
θ波
(THETA)
α波
(ALPHA)
核心
β波
(BETA)
睡眠
思考
行動
無意識
內在意識
外在意識

圖 1，大腦的生長週期

兒童的心靈世界：接通「彼岸」的關鍵頻率

根據西瓦對大腦生長的研究，經過七年生長週期進入下一個階段，零到七歲的兒童，大腦長期處於δ波及θ波；換句話說，這段時間的孩子腦波處於〇～七赫茲（與年齡成正比）。在二～四赫茲的δ腦波時期，幼兒處於無意識狀態，這個階段的孩子頭蓋骨還沒有完全密合，時常處於沉睡或出神狀態，或者眼睛常盯著某個地方看，可以看到或聽到不屬於這個時空的存有，還時常會做夢驚醒。按照西瓦的說法，他們回到了彼岸（我們來的地方），在那裡接受不同次元存有（高層智慧）的教導，針對此生生命藍圖進行討論。大一點的孩子，大腦常出現四～七赫茲的θ頻率，這是介於意識與無意識之間的領域，是接通「彼岸」的關鍵頻率，也是接收靈感與發揮創造的時期。我們常看到幼稚園大班及小學低年級孩子的畫作，充滿了想像力與創意，他們的創造力是成人所不及的。**兒童的心靈世界不是成年人的邏輯世界，他們用右腦思考而不是左腦，投射心智接收訊息而不依賴肉體感官。**

這讓我憶起剛進小學那段時間，那時候我對繪畫特別有興趣，家裡牆上及毛玻璃都是我的塗鴉，想像力及創造力特別強，繪畫於是成了最好的出口。父母特別聘請知名畫家教導我，每週去他的工作室學繪畫。我小時候畫東西只是憑對物體模糊的記憶來詮釋，造型有別於現實構造，顏色也特別鮮豔，這是因爲創造力來自於想像力，利用左腦的有限資料，轉化爲右腦的視覺影像，視覺化就是創造的工具。

同時期在東方，日本的七田眞也在做與西瓦類似的研究。他們特別重視五歲前學齡前兒童的訓練，也爲此開發出培養學習力及創造力的方法。首先最重要的就是訓練「視覺化」，不管是以繪畫形式還是閉上眼睛想像，兒童對場景細節及顏色的描述力都比大人強。我曾經對成年人及兒童做過遙視訓練，請他們閉上眼睛想像自己常去的地方，並要他們在場景中發揮創意去做改變，這個練習對年齡越小的兒童越容易，在成人中我發現部分的人缺乏視覺化能力，無法重新構建並投射出場景，這些人絕大部分也缺乏想像及創造力。

對於五歲前後的孩子，這段時間是人生中最精采豐富的時期，大人也最喜歡這個年齡層的孩子，他們天眞無邪、天馬行空、喜愛發問、童言無忌，也長時間處於沉思狀態，這是因爲他們常處於 θ 腦波，也很容易快速掉入 δ 波進入夢境，這時候連結異次元的天線是開啓的，所以常會被非常眞實的夢境給驚醒。我幼時許多奇特的夢境，現在都還記憶猶新，不論它是眞實存在於不同時空，還是幻象，年長的我現在非常肯定，所有實相都是想像出來的。有些小朋友常幻想有隱形的玩伴，與他們對話並且一起生活，這都是很普通的現象，千萬不要以爲孩子不正常，因爲他們還保有人類天生的本能，而對於大人來說，這個天線的功能早已年久失修了。七田眞的研究認爲，孩子在六歲開始啓動左腦發展，西瓦則認爲從七歲後，大腦發展便進入了下一個週期，也就是大腦的第二個七年成長週期。

從七歲開始，大腦進入第二個生長週期。在這個關鍵時期，腦波處於七～十四赫茲的 α 波頻率。人類的腦波中最常被發現的 α 波是十赫茲，接近 α 波的中心位置，也被測出是屬於右腦的波。隨著年齡增長，腦波逐漸加快，到十四歲以後就進入十四赫茲以上的 β 波。β 波被測出是屬於左腦的頻率，人類最常被發現的 β 腦波是二十赫茲，也剛好是這個波段頻率的中心。這個時期我們開始接受基礎教育，強調記憶能力與分析邏輯，這些都是屬於左腦的功能。

在第二個大腦生長階段，左右腦還是能同步切換運作的，α 波就像是接通顯意識與潛意識的橋梁，也是連結左右腦的關鍵頻率。**左腦 β 波的世界，是屬於物**

質顯意識的層級，我們依靠身體感官及經驗的累積。而右腦α波的世界，是屬於心靈潛意識的層面，藉由天生的直覺來探測及接收訊息。我在工作坊常提出兩個圖表（見圖2），類似Y字形的路徑上，左邊路徑代表左腦發展，右邊路徑代表右腦運作。天才及成功者大腦兩邊路徑是並行的，一般人的大腦只有左邊的路徑通暢，右邊路徑早已停滯發展，關鍵的分叉點就是在七至十四歲。根據上個世紀末的調查，天生左右腦並用的成功者占人口一〇%，但隨著人口增加，這個比率已經下降許多。有個說法，天下的財富聚集在五%少數人手中，因爲這些天之驕子用腦的方式跟一般人不同，而且經常以特殊的方式來使用，越常使用也就越容易累積成功的果實。

經過了兩個七年的成長期後，大腦的可塑性已經越來越小，加上東方教育系統的填鴨式教學，左腦運轉已經不堪負荷，無法再容許不同屬性的右腦運作，於是長大後，我們的大腦就發展成僵化的被動左腦模式。我們可以從課堂或任何形式的培訓中看出端倪，大部分人只會被動地聽寫，希望得到標準答案而不自己找答案，只靠筆記或制式的參考資料來學習，模仿既有的案例而不會創新，最後被塑造成人云亦云的意識架構，無獨立思考能力，也缺乏直覺判斷的勇氣。於是，

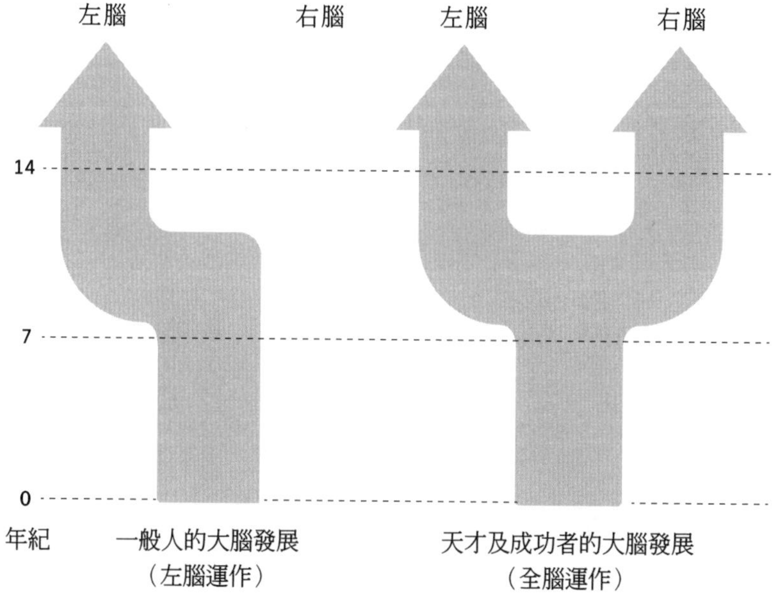

圖 2，七～十四歲的分水嶺

自我設限的價值信念就這麼形成了。很可惜，這是大部分父母無意識創造出的結果，因爲他們的心智也是這麼被養成的。

讓孩子鍛鍊右腦，運用靈感改變世界

未來AI的世紀來臨，大部分左腦性質的工作都會被取代，唯有擺脫複製及重複的被動模式，培養感性直覺的右腦，鼓勵心靈層面的創造，從事天馬行空的原創產業或打破規則的商業機制，在未來才有立足之地。因此，我鼓勵從小培養孩子成爲創業家及發明家，而不是教育孩子成爲舊系統的棋子——讀書、考試、上班、失業後再找工作。爲什麼不一開始就創造自己的人生事業呢？

創業往往在無心插柳下被啓動，我常舉兩個例子：二十歲不到的青年柏揚·史拉特（Boyan Slat），在希臘潛水時有感於海洋垃圾對生態的威脅，但一般人頂多抱怨一下，他卻立下願望，要花五年清理數千年都打撈不完的垃圾。於是，他十九歲輟學成立工作室，並找到太陽能及潮汐原理的動力方式，花十年就清理完太平洋的一半垃圾，同時還有數億美元的垃圾回收收入。另一個例子是同樣十九歲的英國少女寶．潔瑟普（Beau Jessup），在陪伴父親到中國出差時得到靈感——爸爸同事的三歲女兒要挑選英文名字，於是她創立了取名字的網站。這個創新生意幫她賺得了四十萬美元，超過六十萬中國人的英文名字都是她取的。

很清楚的，這兩個原創構想都來自於直覺，天馬行空到大部分人都不願意嘗試，但是這兩位青年的父母卻都很支持。因此，明智的父母，您還願意讓孩子花時間爲了考試而學習嗎？還是要開始進行鍛鍊右腦的心智訓練？請學習靠直覺解決生活周遭的問題，大膽運用靈感提出解決方案，改變這個世界的未來。

神奇 α 腦波連結潛意識

人類日常每分鐘停留在十赫茲 α 腦波的時間，平均只有五秒，而且每次都是不經意的剎那。處在 α 腦波的當下，人類有意識地進入潛意識，若無法停留在這個穩定的頻率，就無法進入潛意識運作。在十赫茲的腦波頻率下，人類可將潛意識轉爲內在意識。人類的意識中九〇%屬於潛意識，我們在清醒的時候無法探觸這個神祕領域，只能被動地受它牽引；若學會停留在十赫茲的腦波，就可以連結浩瀚的潛意識，將記憶庫資料轉化爲右腦的程式語言，這個程式運作的方式爲**「視覺用來感知，想像用來傳輸」**。這裡提到的視覺是指心靈的感官，而不是物質上的感官。我們常說要「用心看」，指的是投射自己的心智去探測，不戴著評斷的有色眼鏡來觀察，感受物質原本的振動頻率。主觀的心靈交流發生在右腦十赫茲的 α 維度，客觀的物理溝通則發生在左腦二十赫茲的 β 維度。

跨次元的通道

我常用一個金字塔圖形來解釋（見圖3）。頂端是左腦顯意識的三維物質世界，這是我們生活在其中的表象，從早上起床、刷牙、穿衣、吃早餐，到乘車、走路、開會、拜訪客戶，過程中許多決策是下意識完成的——興趣喜好、喜歡的食物及味道、對事件的反應、對人的好惡，乃至於人格特質，是累積在潛意識的經歷塑造出來的，過去（包括累世）的記憶以情感的格式儲存在潛意識中。

還記得當初大學選擇科系時的掙扎？選擇伴侶又是如何下決定的？面臨第一

跨次元通道

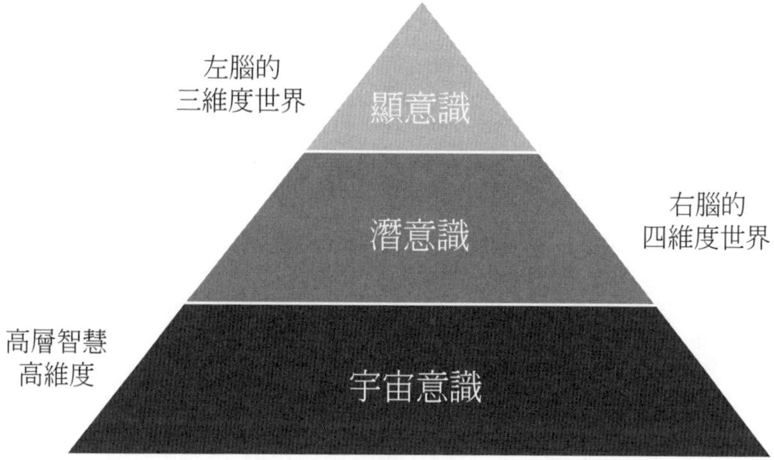

圖 3，意識金字塔

份工作或跳槽的猶豫？人生第一棟房子是如何挑選的？幾乎所有人生重大決定都不是理智做主，大部分人都跟著感覺走，有的人靠第六感。第六感通常是第一個念頭，但有多少人能堅持第一個靈感貫徹而終？回想一下，或許你現在還後悔沒有採用第一個念頭，如果當初選擇另一條路，現在會如何？我們以爲人生都是自己在做主，如果都靠理智、邏輯的左腦，哪來的掙扎、猶豫呢？其實我們受到另一個我所引導，那個你不認識、潛伏在潛意識中屬靈的我。

顯意識之下是金字塔中段的潛意識，這裡記錄你過去的經歷及印記。印記又**稱爲「業力」，是爲了提醒你之前未完成的學習，也是這世常被隱形力量牽引的原因**。上世紀偉大通靈預言家艾德格．凱西，在上萬份催眠通靈報告中詳細記錄個案的前世過往，按照時間軸回溯關鍵的前世，發現共通的輪迴法則：「這世的挑戰與困境是前世作爲所種下的因。」不同於世人理解的因果觀（所謂的報應），業力是安排好的學習課程，學習易位而處、感同他人的遭遇，最終理解到眾生屬於一個群體，萬物合一的道理。報告中另外一個發現是：「此生的學習與經歷，是爲了下一次輪迴而準備的。」其實不需要回溯到前世，我在許多諮商個案中，發覺現實困境是兒時所造成的，很多人回想不起小時候的事，但這些深刻的記憶潛伏在潛意識中，只要在現實世界勾起這股情緒，我們的理智左腦就會失去主控權，又跳進過往重複的模式，直到某天看清楚這個運作機制，靈性覺醒的時刻才終於來臨。

個人顯意識與潛意識是分隔的，如此才不致導致所處三維物質世界的紛亂。人類進化的宏觀擘畫中，留下了一個伏筆、一個突破口，連結兩個分隔意識的橋梁。物質世界的顯意識就好像凡間的牛郎，心靈世界的潛意識就是天界的織女，如果愛是連接天地之間的介質，那麼 α 波就是接通兩個意識層級的頻率。西瓦先生發現人類腦波中最穩定的頻率，是每秒十拍的 α 腦波。就像電阻的原理，電阻越小則功率越大，通過的電流越多，流失得就越少，訊號透過大腦神經傳導也是這個原理。既然十赫茲的 α 腦波那麼有效率，我們該如何運用呢？許多學員一致反饋，進入 α 波層級時心變得比較靜、雜念比較少、靈感比較多、直覺比較敏銳、感覺比較清明，以上都是心智力強化的現象，接下來當然要運用在生活上，透過內在意識的設定，改善周遭環境跟家人的生活。

意識金字塔的底層則是宇宙意識，透過個人潛意識連結上這個宇宙網絡，深度調頻可使腦波降到五～七赫茲的 θ 波。想事情、發呆時經常會進入這個層級，但我們無法透過訓練停留在 θ 腦波。靈感的接收發生在進入 θ 波的瞬間，我們從宇宙伺服器下載所需要的資訊。宇宙意識在某種層面跟集體意識有關，因此，我們需要幫助的人越多、範圍越大，得到的資料便越豐富、越廣泛。

再往下就是通往無意識的 δ 波層級，頻率在二～四赫茲之間，這裡仍屬宇宙意識的範疇，是通往無意識的門戶，我們在深度睡眠時，腦波也處於這個頻率，心智上可以與高層智慧溝通。西瓦在演講中提到，我們每天睡覺是爲了回到彼岸跟「導師」回報，這裡的導師指的是高層智慧，世人口中的「神」「上帝」。根據西方許多科學研究發現，高僧及大師在深度靜心下，腦電波儀器檢測出大量的 δ 波，有人形容這個階段是一種「空無的狀態」。與進入深沉睡眠的人情況類似，沉睡的人產生深刻的夢境，禪定的人進入神遊狀態，其實他們都進入了較高次元的世界，屬於高層智慧的宇宙。

艾德格．凱西用獨特的催眠方式，爲許多前來尋求指點迷津的人找到人生方向。他會躺在沙發上，透過催眠自己進入深沉睡眠狀態，進入一個不同於當下時空的次元中，接著由助理提出個案提問，他在沉默一段時間後進行回答。答案有時候是其他存有回答後轉述的，有些時候高層智慧會透過凱西的身體，以不同的音調來做答覆（有人稱之爲指導靈），有些情況則是由一個高層靈魂團體進行答覆。

然而，在自我催眠或被催眠中，由於處於無意識狀態，只能夠被動回答而不能發問，這也是西瓦在經歷許多實驗後的質疑：如果不能有意識地思考，那麼大腦就不能做任何事情。結論是，大腦處於 θ 及 δ 波時，無法在有意識的條件下運作，**唯有穩定的 α 腦波能夠被訓練，人類可以有意識地運用 α 腦波來做積極正面的事，找到此生被派來的目的，改善這個星球上的環境**。這是西瓦多年研究之後對人生的領悟，也是許多人此生的追求。如今，這個領悟被發展成一套可以自我鍛鍊的 SOP。

生活在左腦三維的物質世界，這個世界屬於顯意識。在此之前，潛意識對你來說只是書上的名詞，你或許聽過催眠可以探測潛意識，但很少有人能夠親自體驗，更何況是連結上這個神祕領域，存取資料爲己所用，感覺這是古代巫師、薩滿、通靈者做的事。如今量子力學、超心理學成爲顯學，過去的謎團被揭開，謬誤迷信的觀念被釐清，著名的雙狹縫及各種量子糾纏實驗早已被科學團體認可，但是普羅大衆對這方面的知識及學習仍然缺乏。

如今，地球大環境不同了，正確地說，這個星球處於覺醒與進化關鍵時刻，我們開始邁入潛意識的世界，啓動屬於右腦維度的心靈世界，降低左腦運作，擺脫左腦對身體及心智的控制，方法是調整腦波的頻率到十赫茲的 α 波，這也是心智運作的核心頻率。還記得倒數練習嗎？不論坐著、站著、走路、工作的空檔都可以練習，早上起床後、晚上睡覺前腦波比較低，練習起來效果最顯著。它是最容易、效果最快的入門方法，也是學習核心練習之前的暖身運動，勤練一個月就會開始有清明的心智，三個月後將能隨心所欲進入核心層級。

核心練習的放鬆三部曲

當你可以穩定地從100倒數到 1 後，接下來開始做核心練習，把腦波降到十赫茲的 α 波。學習停留在穩定的 α 腦波有很多好處：強化你的免疫系統、恢復生理機能、減緩老化速度、消除壓力荷爾蒙、心智變得更敏銳、有準確的判斷力、做更好的決定、解決更多問題、更健康、更有活力、更能享受美好人生。從長期靜坐的修練者身上，我們不難發現這些成果，但處於快節奏及凡事講求效率的社會裡，現代人似乎很難找到容易且持久的靜心方式。

我試過瑜伽靜心、印度自然靜坐、道家吐納法打坐……雖然各家門派及手法不同，目的就只有一個——切斷身體感官意識，降低腦波進入核心。所謂核心就是你的潛意識層級，這個時候關注焦點不在身體部位，**你可以意識到心靈與生理的區別，心智運作不受限於身體，你的存在不僅是一個軀體**。這時候，在平靜中遇見了另外一個我（本我），這是有意識的能量，或稱之爲靈魂。

放鬆三部曲：第一階段

核心練習的第一階段是「身體放鬆」。在每秒十拍的背景節奏下（可用節拍器或上 YouTube 找音頻），找個舒服的地方閉上眼睛，可以靠背但不建議躺下或半躺，坐姿盡量保持脊柱挺直，由上而下將注意力導引到身體不同部位。

★放鬆三部曲①

身體放鬆

1.先從頭頂開始放鬆，集中注意力在你的頭皮和頭皮下的血管，你會感受到血管的輕微振動，血液流動造成的溫暖。告訴這個部位的組織及神經放鬆。

2.同樣地，往下依序注意到額頭、眼睛、臉部、喉嚨。當關注眼睛部位時，重點是放鬆眼睛周圍組織，能放鬆眼皮，眼睛就能完全放鬆。

3.繼續往下到肩膀部位，先察覺衣服接觸這個部位的感覺，再放鬆內部的組織及緊繃的神經。

4.再來就是胸部及腹部，也是由外而內的放鬆；不同的是，這次告訴自己放鬆該部位器官。大部分的人對自己的身體缺乏細微的察覺，所以要全神貫注在每一個部位，只有專注，你才會察覺內在的反應。

5.胸腔內的心臟及肺臟、腹腔的胃及肝、大腸及小腸，觀想那些器官並告訴它們放鬆。我知道剛開始很難做到，經過幾次練習就會有感覺，成功的祕訣就是不斷重複練習。

6.上半身放鬆後，接下來往大腿走，察覺皮膚接觸衣物的感覺，再把感覺滲透到內部——血管、肌肉、神經系統、大腿骨，最後你會感覺大腿骨內部的振動。你所觀想過的每個層級都會自然放鬆。

7.往下是膝蓋、小腿、腳跟、腳掌及腳趾，放鬆的方式跟大腿相同，只要意念一到，那個部位就會立刻放鬆。這時候你應該感覺腳趾乃至於整個腳掌，有輕微刺麻的感覺，這個刺麻感覺往上走到大腿。

8.接下來是重點，你感覺你的腳趾、腳板、腳跟、小腿、膝蓋、大腿，整個下半身不屬於你的身體。這個分離感往上蔓延到肩膀，一直到雙臂及指尖，現在這些部位都不屬於你的身體，類似電流經過的刺麻感仍存在。

如果達到這個境界，意味著除了大腦，你的身體已經完全放鬆了，這就是放鬆三部曲的第一階段：身體的放鬆。美國海軍的潛艦兵及特種部隊，在高度壓力及狹窄活動空間下，也是利用這種放鬆方式進入睡眠。放鬆身體需要的時間很長，以上提到的方式是經過實證，最科學、最有效的放鬆法。

放鬆三部曲：第二階段

放鬆的第二階段是「心理放鬆」——除了身體外，我們的大腦還沒放鬆。心智的活動必須經由大腦的運作，很多人無法靜坐，是因爲心靜不下來，腦波還是處於二十赫茲的β波。在思緒雜亂、念頭很多的情況下，靜坐時很難維持穩定的狀態。許多禪定修練的法門無法達到心靈放鬆，是因爲缺乏方法，大部分人只能在枯坐中領悟。在心理放鬆的階段，節拍器（或音頻）的聲音及外面的噪音不會影響你，相反地，噪音會幫助你更加放鬆。

★放鬆三部曲②

心理放鬆

1.在經由從一數到三的暗示後，我們要把自己投射到理想的放鬆場景裡，可能是在沙灘的美好度假時光，或者午後悠閒地在河邊釣魚；也許是在風和日麗的天氣，微風徐徐下走過樹林，看到一大片開闊草地，樹枝間有松鼠在玩耍，遠方有鳥兒的聲音。

2.找一、兩個你過去熟悉的美好時刻，真正能讓你放鬆的理想場景。這些左腦的記憶都有深刻的畫面，你只需要在閉上眼睛的時候，把這些影像投射到心靈螢幕，位置就在眼睛水平線往上二十度的地方。

3.記住，不是用眼睛去看，眼睛要處於發散不聚焦的狀態，就像你平時做白日夢那樣。這個場景你過去造訪過，對每個細節都很熟悉，場景內的天空、樹木、建築物等背景都很清晰，顏色也很鮮明，重點是細節與色彩。

此時，你在練習視覺化。視覺化是透視力的基礎，從左腦把過去的影像資料轉移到右腦，然後透過你的第三眼（眉心輪）的位置投射出來，就像過去老戲院放影片一樣，只不過放映室換成你的大腦。爲什麼要透過右腦來放映影片？原因很簡單，將右腦想像成一部電腦，這部電腦執行一定的程式，程式所需的語言格式就是影像及畫面。把左腦過去儲存的資料透過右腦轉換格式，重新編輯後再播放出來，這就是新的影片。

沒錯！你正在創造，而且還是導演兼製片與剪輯。有時候我還會建議學員升級成更炫的VR，投射出的場景彷彿身歷其境。想像你戴上VR眼鏡進入一個立體聲的虛擬世界，只不過，你很難分辨這是虛擬的還是眞實的場景。還記得你的白日夢嗎？是不是逼眞到讓你神遊其中——是你回到了過去，還是創造了一個跟過去一樣的場景？這就是有趣的地方，在潛意識的國度裡，時間不是線性的，過去、現在與未來存在於同一個時空，同步發生著。

經過第二階段的心理放鬆，你已經處於非常放鬆的身心狀態了，這是一個非常深層且健康的狀態。以上準備是爲了進入你的「核心層級」，有意識的潛意識狀態，又稱爲「內在意識」。

放鬆三部曲：第三階段

在這個階段，如果感受清明，你可以選擇要停留多久，重點是腦波不能往下墜。腦波頻率降太低，會意識模糊或者睡意變濃，很快就會失去意識進入δ波，這樣就失去練習停留在α核心的意義了。

放鬆的步驟如下。

★放鬆三部曲③

深層倒數，進入核心

1.做之前練習過的倒數，只不過這次是深層的倒數練習。你可以練習從25、50或100倒數到1，也可以直接從10數到1。

2.想像自己走下一個階梯，每倒數一個數字就走下一階。想像自己走進一座森林深處的祕密花園，到最後一階的時候，默念一聲α，表示已經處於α的核心層級了。

3.剛開始練習時，建議聽大約二十五分鐘的官方導引。音頻可以在官方網站的免費課程中找到（https://www.silvaesptw.com/），或在YouTube搜尋「台灣西瓦超心靈感應」即可取得。

聽了一陣子，就可自我引導放鬆三步驟，熟練之後開始觀想藍白色的光，經由頭頂貫穿每個需要放鬆的部位，光所經之處會有電流穿越各個器官組織及細胞。同時想像一個光的防護罩，由上而下包覆身體形成蛋形，或者想像在光的瀑布中，讓冷色的光沖洗身體，全部過程大約十五分鐘。**發揮想像力！視覺化及想像力是一對翅膀，在放鬆三部曲中缺一不可。**

堅持練習三個月後，可以張開眼睛用白日夢模式來做，整個過程的時間會縮短很多，你可以瞬間就進入核心層級。有時我在公園散步，只須直接倒數就進入，或者在焦慮的狀態默念α，也可以迅速降低腦波，放鬆下來。

大部分人長時間處於壓力下，這個方式可以迅速降低壓力荷爾蒙，在情緒激動或憂慮煩躁的時候更管用。降低腦波可以讓大腦自然釋放各種激素，來平衡自律神經及內分泌系統，而且不受時間地點的限制，比任何生理上的手段都有效。

第二章

心想事成的祕密

宇宙運作的法則

自從「祕密」系列書籍行銷策略成功，各類「吸引力法則」及「心想事成」的書籍傾巢而出，由此窺探出人們心靈的極度渴望。由於物質顯化的法則高深莫測，大部分人不得其門而入，所有途徑的努力徒勞無功。

科技知識日益昌明，寺廟求神問卦卻只增不減，各種新時代心靈課程與工具五花八門，末法時期百花爭鳴的亂象使人更摸不著頭緒。有些人轉向宗教尋求答案，但古老的智慧隨不同時期掌權者的私心而隱沒，小我高漲的信徒妄加詮釋或扭曲本意，更不用說言語的隔閡與翻譯的謬誤，眞正的智慧逐漸被形式主義所取代，宇宙運作的眞相離人類越來越遠。

但隨著人類邁入第二階段進化，量子物理與超心理學並駕齊驅發展，如同超音速飛機的兩具引擎，帶領人類邁入新的文明旅程，過往的神祕面紗逐漸被揭開。

物質顯化的模型

經過多年的經歷與領悟，我整理出物質顯化的模型，類似一個同心圓的詮釋圖表（見圖4），只不過圓心不在同一點，而是排列成移動線型。物質的源頭從「信念」出發。我們的過往經歷、累世業力形成現在的性格、習性與價值觀，也就是所謂的信念，人們只看到或聽到所相信的事物，因此自動選擇或過濾了物質世界的顯化。

舉個例子，哥倫布發現美洲新大陸時，當船隊停泊在海岸不遠處，當時的印第安族人居然沒看見，直到其中少數人驚覺海面上的不明物體，這時大家才看到了哥倫布所率領的船隊。飛碟目擊事件情況亦相同，早年還沒有網路及YouTube的時代，飛碟的目擊者還必須閃避懷疑者的目光，大家對外星綁架事件抱持高度懷疑；而今時空轉換，在網路上幾乎每隔幾天就看得到飛碟目擊事件，外星人存在的事實只欠政府背書。我們的物質世界是經由「信念」選擇下的結果。

信念的產生源自內在意識層級，也就是意識冰山海面下的潛意識。潛意識就像忠誠的老管家，永遠知道我們真正需要什麼；當我們欲念蠢動時，他會提醒我們真實世界的情況，並提出中肯誠實的建議。這個角色就像是蝙蝠俠的管家阿福，只不過大部分時候，他的聲音都被喧鬧小我所掩蓋。

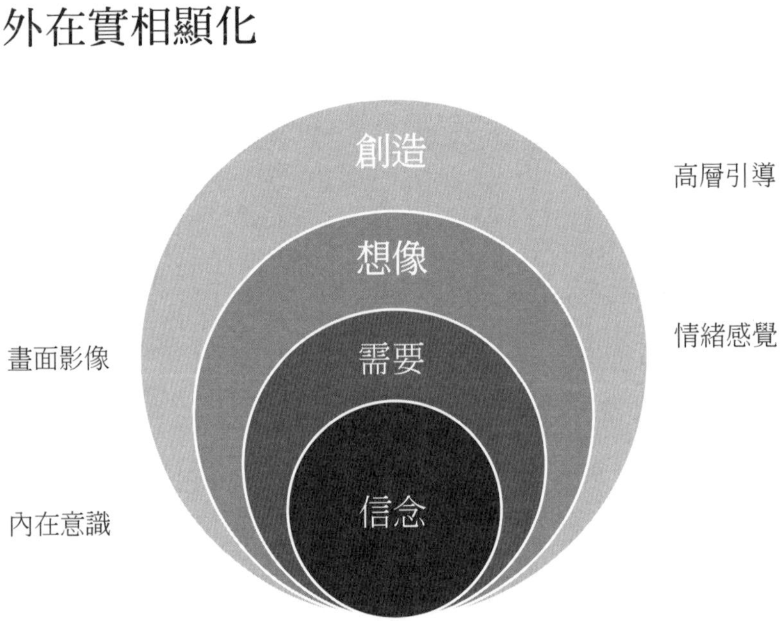

圖 4，物質顯化的模型

想要與需要的差別

「需要」跟「想要」有著天壤之別，如果你做生意急需一輛小貨車，潛意識就會發送這個訊息給宇宙，相關資源會集結，讓需求獲得滿足；但若你想要一輛要帥的跑車，忠厚的管家可能會制止你，宇宙也沒有必要呼應這個要求。「信念」**跟「需要」有著因果的關聯，潛意識只相信你會得到値得且必須的物質協助**。如何判斷你提出的是「需要」還是「想要」呢？看你對這件事有多少情感及感覺。「需要」伴隨著堅定不移的情感，強烈深刻的情感連結代表「眞正的需要」，因此我們在設定人生目標時，需要眞正情感的連結。

等我們確定了「需要」這件事，接下來就是創造的過程。常聽說人根本不會改變或老狗學不了新把戲，眞正原因是他們從來沒學過。勵志課程及心理書籍強調的言語與文字，在右腦主宰的潛意識世界裡沒有意義，因爲沒有用對程式碼。唯有畫面才是右腦接收與發送的格式，潛意識世界裡的傳輸必須仰賴心靈影像，色彩繽紛的畫面才能與宇宙溝通。大部分人創造不出需要的東西，是因爲缺乏正確的方法。在心靈的世界，言語文字只用來輔助與引導，情感畫面才是溝通的工具，想像力的培養也必須仰賴視覺化。西瓦先生從研究中獲得靈感，創造出一個改變現狀、解決問題的技巧：用「三場景」的畫面來設定「需要」達成的目標。

「三場景」技巧：顯化你的實相

練習「三場景」技巧的先決條件是調頻腦波，從核心練習的步驟降低腦波到十赫茲的 α 波，在這個核心頻率，我們將潛意識轉爲內在意識，同時進行對未來的設定。在具體操作前，先理解其運作原理，方能掌握要領及成功訣竅。

根據西瓦的研究，客觀的生理感官與主觀的心靈感官，兩套系統運作模式大不同。客觀的身體交流發生在大腦 β 維度，使用客觀的身體感覺（生理感官），聽覺用來感知，聲音用來傳遞。**主觀的心靈交流發生在核心 α 維度，使用主觀的心靈感官，視覺化用於感知，想像力用於傳輸**。在時空的概念上也不相同，客觀生理感官受限於時間順序，而主觀心靈感官能感受到共時性。在客觀的物質維度上，過去在前面、現在在前面、未來在前面。**在主觀的心靈維度上，過去在右邊、現在在前面、未來在左邊**。

這裡清楚點出生理與心靈運作的差異：使用的感官系統完全不同，生理交流發生在日常生活的顯意識運作，心靈交流則在潛意識層面進行。視覺化與想像力是心靈感應（直覺、通靈）的工具，這些心靈感官在潛意識層級運作，將我們的意念顯化在物質層面。在時空架構上也不同，物質層面上我們受限於線性的時間概念，過去被拋在腦後，我們只看到目前的現況，看不到可能的未來；但就心靈層級而言，過去、現在、未來都呈現在眼前，在前方由右往左不斷演變，感覺就像你身在跑馬燈的中心，看著事件隨時間輪轉並同時進行著。以上說明左右腦對世界觀點的差異，也說明生理感官受限於時間，無法改變物質世界的不可逆，而心靈感官則超越時空，藉由共時性來改變當下、創造未來。

西瓦的「三場景」技巧，基於心靈感官運作的原理，運用「視覺化」與「想像力」創造出三個場景的畫面。在張開眼的 β 維度中先構思這些畫面，之後閉上眼進入 α 核心層級，依序由正前、左方、再向左方，分三次投射出影像，就好像播放幻燈片一樣，分別是「現況問題」「解決方案」「回顧成果」。之後回顧二、三畫面即可，每次一點一滴強化清晰的影像，最後只要重複回顧第三個畫面即可。場景的細節越清晰、感情越投入、重複回顧次數越多，物質層面就越聚焦，願望也容易顯化成現實。

★顯化你的願望①

「三場景」技巧

1.在張開眼的β維度中先構思三場景畫面。

2.之後閉上眼進入α核心層級，依序由正前、左方、再向左方，分三次投射出影像，分別為：

★現況問題（畫面一）：需要解決的問題或尚未達成目標的情景。

★解決方案（畫面二）：做一件事情來改變現況或導致目標達成。

★回顧成果（畫面三）：想像自己解決問題或達成目標的情景。

使用「三場景」做設定時，必須遵守西瓦從人生領悟出的「成功法則」。西瓦先生認爲，宇宙是生命集體意識所形成，每個生命既是單獨、亦是整體的一部分，因此宇宙對單獨個體的需要有其法則。這些法則出現在智者及先人的遺訓中，很少人把它作爲目標設定的準則；大部分人基於小我私欲來設定目標，但宇宙的集體意識自有一套篩選機制。綜觀成功的創業家及新創公司都有以下特點，其中包括西瓦先生，他將法則歸納如下。

★顯化你的願望②

成功設定的宇宙法則

★只做別人喜歡的事：幫助他人並以利他為出發點。

★解決方案使地球更美好：改變環境從自身及周遭開始。

★在各個層面都是最好的：不顧此失彼，須平衡周全。

★幫助兩個以上的人受益：受益者越多，成功機率越大。

★目標在可能的範圍內：量力而為且只求所需。

以上是否似曾相識或老調重彈？宇宙的法則其實很簡單！但大部分人被小我（左腦）所把持，在利己及功利主義掛帥下，很難跳脫舊有框架。儘管潛意識管家不斷叮嚀，過往業力提醒如暮鼓晨鐘，仍不及霓裳花花世界的吸引，乃至大部分人的夢想如水漂之石，激起的漣漪也難以擴散。心想事成的祕密唾手可得，想要改變現狀邁向成功，我們應參考先行者的領悟，因爲他們知曉並遵守宇宙運作的法則。相信按照以上的普世法則來做設定，心想事成並不困難，你所需要的是對目標的堅持、在物質層面的執行力，以及成功畫面的重複回顧。

能量模具的塑造

到目前爲止，相信你對潛意識的運作已有初步了解。我們已經知道由信念所編輯的程式主宰了大腦，信念則是過往經歷以情感形式所累積的。然而，是什麼機制負責運作呢？在我過去的經驗裡，同樣的遭遇發生在不同人身上，產生的情感反應卻完全不同。

情感以感官情境的方式儲存在潛意識記憶，這股能量等待相似情境發生時被觸動，這是一連串被動的反應機制，在我們毫無意識下持續運作，這也解釋了爲什麼人很難改變，牛牽到北京還是牛。人永遠以固定模式來應對生活的變化，所以大部分的人很容易被預測。那些很難被預測，永遠不按理出牌的人，不是天才就是創業家，即人們常說的人生勝利組。這些人已經擺脫了程式的被動運作，開始自己改寫針對特定需求的程式。當然這些人跟常人的不同之處，就是他們運用大腦的方式不同——他們在框架外思考，而一般人在框架內打轉，因爲成功者看得見這個框架。

先有物質，還是先有能量模具？

上個世紀之前，人們還不知道物質如何形成，人類數千年已知文明在最近數十年以跳躍形勢發展，科技知識亦是如此，超心理學與物理學的界線越來越模糊。上個世紀愛因斯坦孤獨地面對新發現，這個世紀的科學家與達賴喇嘛已數度交流。科學家有能力進入分子結構後，發現絕大部分空間是空洞，量子物理塡補了理論的眞空，虛空中充滿能量意識已被科學家接受。雙狹縫實驗證明在有觀察者的情況下，粒子有意識地做出選擇，世界的組成不再是混沌之說，隨機與巧合也不復存在，一切發生皆有因，宇宙是在某種框架下有意識運作的。就好比太陽爲什麼從東邊出來、西邊落下，既然宇宙是按照某個機制所創造，自然就有其運作系統，一切都按照計畫進行，所有生物都有原始設計藍圖。殘缺的樹葉在克里安攝影（Kirlian photography）下顯現完整成像，斷了尾巴的蜥蜴也是同樣情況，被截肢的殘障人士仍然能感知到失去的身體部分。由此我們推斷，生命藍圖存在於充滿宇宙空間的能量場。接下來的問題是：物質先成形，還是先有能量模具？

過去許多令人好奇的研究中，我們發現宇宙有共通的規律與法則，比如黃金比例（1.6180339887...）——從向日葵花瓣、鸚鵡螺構造、鳳梨的外皮，到銀河星系、繪畫創作、建築藝術、人體美學，甚至與股市指數的波動都有密切連結。宇宙中的黑洞與銀河星系是左旋的，銀河邊緣的太陽系與其行星也是左旋的，地球的公轉、自轉、龍捲風、河流漩渦都是左旋。從銀河的旋轉構造到人體的完美對稱，從太陽系行星軌道到承載地球生命的引力，這一切都是完美的布局。彷彿有隱形能量把物質聚集在一起，背後似乎有個高層智慧的策畫者，這個有趣且深奧的謎題始終沒有一個具說服力的答案。西瓦先生在一次演講中提到，**聚集物質成形的過程必須先有一個模子——靈魂模具（Soul Mode）**。這讓我想到了克里安攝影的氣場（能量場）影像，如果萬物本質爲隱形氣場，聚合粒子成爲物質的模具正是此能量場，宇宙在一定規律中顯化就得到了解釋。

既然萬物相通，彼此連結，那麼我們的意識與周遭事物頻率共振，就可類比在網路上非常普遍的音叉共振實驗：數十隻節拍器隨著不同節拍搖擺，過了不久每隻節拍器自動調整爲相同的頻率——這個實驗也解釋了集體意識的形成，占多數的頻率最終會統一所有的頻率。這也是爲什麼設定三場景時要不斷回顧，強化那個你所想要的頻率——當不斷聚焦你的目標場景時，影像會越來越清晰，目標也越來越明確，這時你已經統一腦中的頻率，與目標影像的頻率同步共振。

這個調頻步驟可詮釋爲「塑造能量模具」。想像在能量層級中創造，在另一個隱形次元的時空，你正在捏塑一個模子，這個模子能翻製出你想要的任何目標，目標越具體，你越有概念如何塑造，我們可以稱之爲「夢想模具」，翻模的過程中宇宙會自動塡入物質。如果你不喜歡目前擁有的模具，那麼最好要重新設計一個模子，在塑造模子之前更要想清楚眞正的需求，想要跟需要有著根本的差異。

我們腦中持續播放著一個察覺不到的旋律，由潛意識自動播放程式執行。比如有人擔心房子會漏水，這個擔憂的頻率不時被傳送出去，漸漸成爲房子的主旋律；房子的意識察覺到這個訊號，於是這個模具就被創造出來，宇宙只不過是具象化這個場景，眞正的創造者是房子的主人。另外，許多母親對孩子有許多擔憂，這些擔憂是自我恐懼的投射，或者是承襲母親的受困情緒，因此越受呵護的孩子似乎越脆弱，面臨的問題與挑戰越多；相較之下，越是在放任及隨意環境下成長的孩子，對環境的適應力及解決問題能力反而越強。

同樣的情況也發生在教學上，老師越操心的放牛班孩子，由於主觀認定孩子是個麻煩，因此這些問題學生就演化爲麻煩製造者；被分配到資優班的孩子，主觀上被認爲是聰明好學生，因此這些孩子的學習能力越來越強。同樣的孩子被套入不同的模子，翻製出的樣貌正如同塑造者潛意識的目標。我們從成功的天才創業家身上發現，這些人的童年較少受到父母的束縛與限制，但放心不代表放任不理，因爲家長對孩子有信心，這些父母心中都有著樂觀未來的場景，夢想模具早已被塑造成未來成功者。

在人際關係中更容易看到能量模具的存在。朋友或家庭關係中總有一個主導者，較強勢的一方腦波形成主要的頻率，其他人的腦波逐漸被調頻爲與其一致，因此強勢者較容易得到期望的目標，其他人則附和其意念以避免紛爭；時間一久，弱勢者逐漸淡忘或放棄自己的需求，性格上也轉爲保守、缺乏主見。在團體中，尤其是職場上更容易見到這種情況，據說蘋果創辦人賈伯斯有扭曲時空磁場的本事，公司所有同事（包括客戶）都能被他說服，其他人的目標場景被他一人統一。知名企業都有這麼一號靈魂人物，其個人特質強烈鮮明，連公司都有這個人的影子；換言之，公司的「靈魂模具」被這位靈魂人物一點一滴塑造，因此這些公司出來的人都帶著某種氣息，共同爲了貫徹領導人的意志而努力。企業如此，國家更是如此，一個星球亦然。

用新的能量模具取代不好的念頭

現在我們知道「能量模具」的重要，它是顯化生活物質環境的依據。接下來，就請你檢視自己的工作、情感、人際、家庭與經濟狀況，有哪些是不滿意或不需要的？找張紙寫下，利用刪除法找出自己不滿意的選項。接下來要打破形成這些狀況的模具，時刻檢視自己的念頭，立即中斷這個頻率的傳送，當不好的念頭來臨時想辦法轉移焦點。然而，這並不足以停止程式的播放，根本辦法是用新的模具來取代。

我們腦中隨時有很多念頭，與其消滅它，還不如統一它。還記得音叉實驗結果嗎？重複強化你想要的場景，最後這個清晰的頻率將成爲腦中的主旋律。經過不斷調頻與整理，你的模具會越來越具體成形，接下來就是持續專注，恆毅力能穩定夢想模具不走樣。

先從日常生活最小的目標開始，觀察現狀後，在心裡做一個企畫，發揮想像，採取大膽的行動，最後請沉醉在成果之中，想像已經成功的樣子。接下來閉起眼睛，把現況、過程與成果三個場景，由前方、左方、再向左方播放一次，記得每天回顧最重要的結果場景，有時間的話場景二、三都回顧幾次。

覺知且自律的生活是邁向靈性的關鍵，我們需要時常檢視自己的「能量模具」並且大掃除，以下練習可幫助你自我檢測。

★能量大掃除

檢視你的能量模具

1.找一個不受打擾的安靜空間，準備好大張空白紙與麥克筆，空白紙上畫分出工作、感情、家庭、金錢等你所重視的領域。

2.從中間畫一條線做區隔，右邊是現況中你不想要或不滿意的，左邊是你心裡覺得真正需要的。

3.盤坐在地上或找張桌椅，調整到自己舒服的姿勢，閉上眼睛靜心調頻來降低腦波，耐心等待靈感出現。一旦有念頭，立刻寫在對應位置。

4.完成之後請反覆觀想這些關鍵字，對照你的現況，再次確認何者為「想要」與「需要」。

視覺化與想像力

你已知道物質顯化的原理，與其操作流程及關鍵技術，也明白「有效感官投射」ESP訓練的目的。現在，你可以開始按照一套科學系統，按部就班練習每個步驟，藉由鍛鍊右腦來增強你的心智，使用心靈感官來設定目標並解決問題。在創造你的實相的過程中，首先要鍛鍊視覺化與想像力。

在我過往的經驗中，許多學員在設定目標時，在解決方案與成果達成的構思過程中，最大的問題就是不知如何創造栩栩如生的場景。大部分人都能夠侃侃而談故事的情節，但對具體想像場景畫面有很大的障礙，因此要多多做這部分的練習。在做任何目標設定前，爲了掌握關鍵的訣竅及正確的觀念，在此整理相關名詞並解釋如下：

◆β（Beta）：

每秒十四個節拍以上的大腦頻率，這是在物質層面上行動的頻率，只要張開眼睛即會處於這個層級。人類大腦最常發現的 β 波是二十赫茲。

◆ α（Alpha）：

每秒七到十四個節拍，正常人類大腦頻譜的中心，也是理想的思考層級。處於十赫茲的 α 頻率，可以檢測心智層面的信息，也可以用來幫助你做決定和修正物質層面的問題。

◆ θ（Theta）：

每秒四到七個節拍的大腦頻率，這是進入睡眠無意識前的階段。大腦無法停留在這個頻率，我們在這個層級接收高層來的靈感。

◆ δ（Delta）：

每秒二到四個節拍的大腦頻率，與無意識的深度睡眠有關。西瓦稱之爲「Delta 門戶」，因爲在這個層級上，你可以在心智層面與更高的智慧交流。

◆核心（Center）：

每秒十個節拍的大腦頻率，也是 α 頻率的中心，在這裡你可以使用左腦邏輯和右腦的直覺。處於核心的層級，可以意識到客觀（身體）和主觀（心靈）兩個維度的信息。

◆ESP：
有效感官投射（心靈感應）。學習投射你的感知能力（發送你的腦波）來檢測信息，運用在你的目標並改善地球上的環境。也可以投射你的心智到任何地方，影響任何有生命的物質，使之與自然和諧共振。我們也用直覺、遙視、通靈、預感和千里眼等術語來描述它。

◆心靈螢幕：
用心靈感知的一個區域，在眼睛水平面之上、身體外一定距離投射出心靈圖像。

◆影像化：
用畫面描述以前的經歷，看到或想像事物的樣子。

◆想像力：
一個創造性的過程，想像從未經歷過（看見過或想像）的事物。

◆導師：
存在於靈性（主觀）維度或「彼岸」的精神指引，祂與更高的智慧層級連結，幫助你發現並完成人生使命。

◆**高層智慧：**

任何用來改善地球環境的信息，對你來說都來自更高智慧，包括你所認知的上帝，或任何你對更高權力的概念。西瓦稱之爲主宰宇宙的高層智慧。

住家遙視練習：激活右腦，增強效率、創意，延緩大腦老化

培養視覺化與想像力的「住家遙視」練習，對每個人來說都不陌生。你應該進出你家無數次了，只不過這次要閉上眼睛去想像，過程中會停留在客廳並做些改變，在這個熟悉的空間憑空創造物體。住家練習完成後，可選擇工作或任何熟悉的場所來反覆練習。

如果家裡有小朋友，這個練習是最佳的親子活動，也是培養學齡前兒童視覺化與想像力的方法，一旦熟練後便能終生開啓全腦運作模式，右腦將在關鍵生理生長期保持活躍。在成人身上也能激活右腦潛能，開啓長期記憶模式，增強工作效率與創造力，同時延緩大腦老化現象。

住家遙視練習

◎檢視環境：

1.請閉上眼回顧你家的建築物立面，由左往右、從上到下掃描，注意牆面及窗戶的每個細節，最後停留在一樓大門的門把。注意材質及顏色，接收到的細節資訊越多越好。

2.接下來拿出鑰匙打開一樓大門後關上，走上樓梯或搭乘電梯到你所住的樓層，同樣把目光停留在門把上，拿出鑰匙開門，進入客廳中央。

3.選擇一面完整的牆並面對它，如同剛才掃描建築外觀那樣，把這面牆仔細掃描一次，接著觀察前後左右的物體。你應該很熟悉家中客廳的布置。

4.感受白天的光線強度及光的顏色。接著，改成夜晚場景並把燈打開，並以同樣的方式檢視那面牆及四周環境。

這個練習在訓練左右腦互換，把左腦記憶調出，經由右腦投射出影像。記住，場景細節及顏色是關鍵。

◎物質感測：

1.想像那面牆越來越大，感覺越來越靠近自己。想像自己進入一個大空間，一個由牆壁材質打造的大房子。

2.感覺一道光射進來，觀察光的強弱及顏色，是暖色還是冷色。

3.接下來感受房間內的冷暖，以及牆內外的溫度對比。

4.然後再聞聞四周空氣的氣味，或張開嘴讓舌頭感覺空氣的味道。

5.最後用手掌跟手肘去拍打、撞擊四周的牆壁，聽回音來判斷材質堅硬度，或推擠四周來感覺彈性與密度。

盡量用自己的感覺來偵測，在放鬆沒有壓力的情況下仔細蒐集資訊。有了一次經驗，你就建立了相關的參考點，可作為以後探測其他物質的參考依據。

◎視覺創造：

1.接下來請面對客廳那面牆，想像自己拿著油漆刷把牆刷成黑色，再來刷成紅色。現在，想像牆變成綠色、藍色、原來的顏色，最後變回黑色。

2.接著空中出現你最喜歡的家具或擺設，請讓它旋轉，並從各個角度觀察，檢視物體的構造、材質、顏色等細節。然後讓物體停止旋轉，正面面對你。

3.依剛才的順序來改變背景牆的顏色，並比較不同顏色背景下，物體是如何脫穎而出的。

4.完成後，讓物體後退到黑色背景牆。接下來想像該物體在空中消失，你站在你家客廳中間，面對那面黑色的牆。

你可以選擇任何物體來重複以上程序，空中出現的或許是你喜愛的水果。選擇你最熟悉與喜愛的物體來觀測，最容易產生情感連結與畫面，甚至在過程中聞到水果的味道。以上操作，你又一次提取左腦記憶，轉移到右腦影像格式，只不過這次你運用了想像力來進行創造。

做這項視覺化想像練習之前，我建議要運用核心練習來調整腦波，停留在 α 波核心層級下，大腦內呈現同步和諧共振，其他的雜訊都會被同化成一個主旋律。在此生理條件下進行，想像才會專注。停留在右腦 α 的維度，你會發現視覺化輕而易舉。

我發現有些學員很難在視覺化中創造顏色，進行場景掃描時對顏色不敏感，其中以中年男性爲主，這也與社會及工作壓力下，過度強調及使用左腦功能有關。碰到這種情況，我建議買色卡做殘影練習，專注看色卡半分鐘後閉上眼睛，看會不會留下殘影。不同顏色輪流重複做，練習多了後直視卡片十秒，閉上眼就會出現殘影，最後只要閉上眼靠想像就會有畫面。

色彩是視覺化的主要元素，而想像力必須依賴視覺化，運用想像才能在潛意識層級中進行創造。

關鍵的情感畫面

許多人渴望擺脫困境獲得財富，這些人創造了自我的困境而不自知。富足的畫面對這些人是奢望，取而代之是匱乏的場景與情緒。

在工作坊中，我會要求學員練習「三場景」技巧，請他們設定想改變的目標。大部分人選擇工作與財富，其次是健康狀態，再來是感情與關係。

調動人生原有的熱情

大家在回顧現況時多半都很得心應手，有不少人花長時間停滯於現況畫面中，很難往前跨一步開始創造第二場景（畫面二），絕大多數的原因是創造不出新畫面。

這個時候我會建議先寫企畫草稿，或者畫場景分鏡圖，但還是有人寫不出或畫不出場景，因爲他們腦海中根本沒有影像與畫面，所謂的腸枯思竭描寫的就是這種狀態。現實生活中大部分人安於現狀，很少熱中某項興趣，這裡指沉醉並獻身於某種事物。你可以問自己或身邊的人熱愛什麼，就會發現許多人對現在的生活及未來的夢想少了熱愛。

沒有熱情當然也少了情感，沒有情感也就創造不出新畫面，取而代之的是恐懼情緒的場景，以及安於現狀的溫存畫面。躲在老窩總比去外面闖蕩安全，現況也比不可知的改變要好。

如何才能調動出人生中原本的熱情？人生無數值得回憶的場景都有畫面，充滿各種情感的特殊時刻只要被提及，場景畫面立刻就會湧上。場景聲音及味道或許早已淡忘，但情感會被儲存在潛意識中。以下練習能幫助讀取左腦的過往記憶，並轉換成影像從右腦投放出來。

★創造人生新場景①

回顧熱情畫面

1.回想小時候第一次生日吹蠟燭、第一次跟同學去郊遊、成績優異收到的第一個獎品、第一次約會、孩子出生的那一刻、第一天送孩子上學、首次出國遊學……任何讓你印象深刻的第一次場景。

2.回想最喜歡的排骨飯、滷肉飯或任何小吃，回顧在那家小店用餐的情景，這個鮮明畫面就會立刻跳出來。請仔細觀想場景中的每個細節。

西藏的高僧及印第安酋長祈福時，只感恩過往獲得庇佑的美好時光，而不向神祈求未來的施捨，他們腦海裡都有充滿幸福的畫面。**回顧充滿熱情的畫面有助創造人生新場景，從今天就開始不斷練習這個祈福的功課。**

大膽構思

創造第二場景是許多人的難題，尤其是在被動式教育體制下成長的人。

我的工作坊中有位男性學員想轉換跑道或獲得更好的升遷機會，我請他構思一個場景，在場景中做一件事，促使他期待的結局產生。如同大部分人的思考模式，他選擇去上個課、聽個演講，或者是平常例行會做的事，也許是參加會議。如果是平常都會做的事，人生為什麼沒發生改變呢？我要求他們大膽構思從來不曾做過的事。一位女學員突發奇想，她打算在路上撞到知名上市公司董事長，這個想法不錯，以下這項技巧在許多範疇都運用得上。

★創造人生新場景②

遇見貴人

1. 想像走在平日上班的路上，突然撞上一位夢寐以求的貴人。

2. 接下來必須大膽採取行動。下個畫面是掏出名片並向他道歉，態度誠懇，獲得這位貴人賞識。

3. 隔天你接到新工作面試通知，職位跟薪資遠超越你所期待。接下來第三個畫面，你已經看到自己在新辦公室快樂地工作。

大部分人認爲白日夢不實際。或許你正有個很棒的創業構想，只是缺乏資金與合作夥伴，撞見有名的人物並轉化爲人生的貴人，這個畫面是否能激起你的熱情與希望？勇敢做夢吧！

創造的引擎：以內在情感爲燃料，影像畫面爲導航

人生奮鬥過程中需要夥伴。有些人夢想創業或正在籌備，或期待創業但毫無頭緒，這時我會請對方檢視從現在到過往的經歷。你會踏上某條路做某件事是有跡可循的，人生不可能以跳躍的模式獲得成長，回想過往的畫面會特別有

感情，辛酸苦辣都是甜美的。

我的一位學員由於貿易工作關係經常出差東南亞，特別是柬埔寨這類開發中國家，他的另一項興趣與兼職是在亞馬遜出版工具書，這項耗時且利潤不高的兼職工作幾乎已經停擺。我請他創造第二個場景來實現新的事業，他立刻想到這份喜愛的網路出版工作，卻不知道如何開啓新契機。我立刻收到靈感，請他回想出差旅行的畫面。他非常享受邊出差邊觀光的旅程，這樣既可以接觸當地的風土人情，又能夠察知文化的差異與機會。

在一個場景中，他拜訪當地潛在客戶，會面過程中出現了一個特殊臉孔。事後他描述這是一位慈祥且具有影響力的印度長者，我問他如何判斷此人非一般人，他說從畫面中他的言談與面容感覺得到，而且，在現實中還眞有一位近似的印度商人，同時也是當地社區知名的慈善家。我的天線立刻接到訊息，這個印度商人可能就是他未來的創業夥伴，同時這位印度慈善家的影像出現在我腦海中。事業的夥伴有時候不在天邊，而在過往的經歷中。

爲了在「三場景」中達到預期效果，設定的場景必須具象化，比如說想像跟朋友約在餐廳碰面，是什麼樣的餐廳呢？室內裝修風格爲何？當天穿什麼衣服？

這位重要朋友的穿著打扮如何？談話的主題是什麼？你希望此次會面能有什麼結果？有些人設定參加一場重要的商業簡報，那麼最好能熟悉開會的場景，以及參加者的容貌，並想像從容有自信的簡報過程，接下來的重點是你已經擁有那個結果。從第二到第三個場景，你必須投入那個情境，充分掌握每個場景的細節與流程。許多人都怕面對重要的會談，如果能先進入場景事先熟悉一遍，到時就能輕易掌握全程，並且導引過程往你要的目標發展。

在心靈上，你把心智投射到未來，塑造了一個能量的虛擬實境，在那個由你塑造與主導的時空中，與其他參與者進行心靈交流，你的腦波與他們的腦波調頻，你的頻率將統一其他的頻率而成爲主旋律。或許這個景象似曾相識，也出現在科幻電影《X戰警》中，變種人擁有控制他人心智的能力，進入對方大腦影響其思想，只不過此能力不是只有變種人獨有，而是人類被遺忘的能力之一。許多通靈資料顯示，亞特蘭提斯時期的人類可不說話直接進行心靈交流。

我們安於現狀及畏縮的人生觀，導致不敢爭取未來，也害怕向宇宙下訂單。我的一位學員正在創業，爲節省開銷，承租商務中心作爲臨時工作室，他的結尾場景是自己很忙碌地接電話；經過討論調整後，場景多了些新聘的員工接電話。

最後我建議他去找最喜歡的辦公室風格，設定爲新的工作場景——時尚的工業風工作室，擠滿不停接著國際電話的業務，空氣中充滿興奮的各國語調。想像自己在專屬辦公室看著四周發生的一切，停留在這個當下，慢慢享受這個感覺——仔細端詳精緻牛皮沙發、義大利進口旋轉辦公椅、舒適的方塊地毯、牆上喜愛畫家的油畫眞品，同時吸一口全熱交換機送進的新鮮空氣。這樣的畫面夠清晰鮮明吧！看到這裡是否有當下創業的念頭？是否熱血沸騰、自信滿滿？**場景畫面會帶來情感與動機，但條件是色彩鮮明的清晰畫面**。

老一輩上海人有個習俗，在外面吃飯不要吃光，每種菜都留一口。說好聽是留一口飯給別人，當時覺得這個習俗有點浪費食物，現在回想起來有它的道理。早期物資缺乏的年代，能上館子吃飯很不容易，而飽餐一頓後的完結畫面，是看到桌上吃不完的佳餚，這個印象會停留在腦海裡，帶來滿足與豐盛的情感，之後每回吃飯時，這個美好的畫面便湧現出來，又強化了富足的感覺。過年時年年有餘也是這個概念，餐桌上未動筷子的魚總是留下美好的影像。如果想創造心靈富足感，從今後多回顧美好豐盛的場景，在感覺匱乏的時候，記得你曾經擁有過的滿足，這個小火苗可以興旺爐灶一整年。創造從來不是靠外在的力量，創造的引擎以內在的情感爲燃料，影像畫面爲導航雷達，經過不斷持續點火增加動能，你就可以飛到任何夢想的地方。

拿回人生主控權

我們關注哪裡，能量就往哪裡，你可以做個立即可證明的實驗：走在路上的時候把意念集中在對街的人身上，只要夠專注，不用多久，那個人一定會轉頭往你的方向搜索。我有時候也會把目光投向巴士裡的人，或者在前方的人群中隨機挑選對象做投射，雖然不是百發百中，但大部分人都會感應到這股能量，立即中斷當下大腦運作，轉而搜尋能量來源。寵物主人更能理解動物對意念投射的敏銳度。

在生活中，我們無時無刻不在投射意念，絕大多數都是下意識被動傳送能量。仔細回顧你每天關注的事，幾乎都是重複的例行公事，天復一天、年復一年，操心、擔憂、思考的都是經歷過的事，彷彿幾段廣告短片重複在腦海自動輪播，人所面臨的問題及思考模式幾乎千篇一律。大部分人活在自我束縛的框架中，卻又呼求外在協助，尋求解脫。

心念的力量

心念的力量經常被忽視，長久如滴水穿石侵蝕我們的心靈，進而影響身體健康與心理平衡。美國許多大學醫學院做過類似以下的實驗：讓實驗組練習彈琴或運動，不同的是這些活動都是用意念，而不是在生理上採取行動。經過週期性的嚴謹訓練，結果令人大吃一驚：比起對照組，實驗組的大腦神經迴路或某特定部位肌肉都明顯增加，但這些人只是想像過程畫面，以及去感覺完成練習的成就感。

正如同大部分棒球選手所做的，他們在無數次揮棒練習中，對著投球器模擬各種球路變化，想像自己在真實球場上隨機應變；剛入球隊缺乏實戰經驗的菜鳥，經過專注持續的練習後，就可以像身經百戰的老將輕鬆自如發揮，需要做的就是把自己投入目標場景，一次又一次地預習未來事件。許多舞台工作者、表演藝術家和音樂家也都知道這類練習的重要，其中的佼佼者更是勤於做場景的意念投射，觀衆表情也眞實模擬，毫不馬虎。各行各業的成功者都有異於常人的眼界（vision），他們與常人的不同之處是場景的塑造，並且特別懂得享受成功的場景。

我們不僅會對人及動物造成心念影響，對環境物質也有同等能力。有位法國科學家曾經做過很有趣的實驗，他在一個封閉場地設置了機器人，並且記錄下機器人漫遊的軌跡，隨後將剛孵出的小雞放入；小雞誤認機器人爲母雞而隨後奔跑，科學家移走小雞後再觀察移動軌跡，結果令人大吃一驚：機器人偏向靠近小雞的位置移動，實驗間接證明小雞的意念可影響機器。氣功大師嚴新曾參加一個實驗：在密閉房間裡放置放射源鋂241，經過發功運氣之後居然改變了其衰變週期，衰變計數率下降了〇．三五％。一個氣功師父可以在二十分鐘內使原子核產生改變。另一個實驗更驚人，科學家在眞空試管中觀察隨機分布的光子，置入人類DNA後再從試管內移出，之後發現隨機分布的光子依照DNA構造排列，這個實驗證明人類DNA帶有生物訊號，能夠影響光子的排列。所以我們常聽說，房子久不住容易老舊，車子長時間不開容易壞，除了人爲保養維護外，人的意念是影響周邊物質的主要因素。

心腦共振，就能心想事成

我們已了解意念創造實相的原理，也學會心靈影像的「三場景」技巧，心想事成的人生是否可以如願以償？如果人世間如此單純，這本書也就沒有存在的必要了。現實狀況中，人們還是有如無頭蒼蠅，囫圇吞棗般吸收各種方法與課程，卻仍處於原地打轉狀態。受困情緒是我們無法脫離現況的主因。每天浮現的各類情緒牽引著我們的大腦運作，受情緒主導的潛意識替我們做大部分的決定，而非完全靠理智思維，正確的說法是情緒綁架了邏輯的左腦。

我過去遇過的案例中，無論事件產生的情緒發生在何時，早年的陰影在晚年仍如影相隨，明顯的現象是層層包裹的心牆；當這些受困情緒如剝洋蔥般釋放，案例的情況才會好轉。科學家已證實心臟能發出比大腦強的電磁波，人體南北極的磁力線在心輪位置交會，經由心形成強大的能量場包圍人體。**心腦是協同運作的機制：心是智慧體，負責指揮；腦是運作系統，負責執行。爲了心想事成，我們必須從心下手。**

所謂相由心生，這裡是指你環境的實相。多數人每當靜心時，雜念便如雜草叢生，每個念頭都是重複播放的頻率，也是不同受困情緒的吶喊。雜亂的旋律由心所發出，並與大腦共振。還記得音叉或節拍器的實驗嗎？想像每個念頭是不同頻率的節拍器，不僅頻率不同，而且此起彼落。心好似失控的指揮家，指揮著如混亂交響樂團的腦，當心腦無法和諧共振時，就如同失控的音樂會演奏不出成章的樂曲，真正的願望便無法成形。因此我建議時時刻刻練習倒數，尤其是意念紛飛或煩躁時，除了轉移念頭，更重要的是聚焦於內，坐著、站立、行走、等公車捷運時都可練習。當意識跑走或卡住時，就從前一個整數開始重新倒數，呼吸也換成較深長的腹式呼吸。內在旋律穩定的人會影響周邊的磁場，身旁的人會立即感應到安定和諧的頻率，瞬時整個氛圍隨之改變，他人也會同步調頻並附和此人的頻率，場景中有生命、無生命的物質世界也會與之同步。

當心與腦的頻率和諧共振，腦波處於最穩定十赫茲的 α 波，這時你可以經由內在心靈感官連上宇宙量子場，在當下同步改變過去、創造未來。在潛意識層級裡沒有時空框架，過去情緒與未來傾向交會在當下，經過調頻及聚焦來設定你需要的未來。

進行核心練習時，有學員詢問如何判斷是否進入核心 α 層級，以下是我體驗後的領悟：

1.當感覺電流通過全身、有刺痲感後，身體漸漸失去感覺，一個清明的自我意識出現，亦即：我不是一具身體，乃虛空中的另一個存在。

2.腦中播放的旋律與雜音逐漸淡出，處於感覺不到念頭的寧靜真空狀態，束縛與壓力消失的自由感，自己與虛空共存的意念浮現。

3.清明的意識仍能感知周遭的狀況，狀態有如清明夢，當下場景如走馬燈，自己是無關聯的觀察者，自我意識能自主運作。

4.呼吸平順微弱，眼睛渙散不聚焦，第三眼位置的心靈螢幕偶爾出現畫面。

5.停留多久不失去意識（進入深度睡眠）或重返 β 層級，依練習時間及個人資質而異。

核心練習的自我導引大約十五分鐘，建議初學者在最後階段延長倒數時間，由100倒數至 1能幫助你在核心停留久一點，每次練習能拉長至三十至六十分鐘最好。練習一陣子便會形成慣性反應，只要在腦海投射出數字 3、2、1的代號，即能立刻進入α層級。接下來，投射出早已構想好的畫面，現況回顧、創造過程、目標達成，三個場景有如播放幻燈片，每個畫面只須停留數秒，不需要太多的情節描述，重點是場景畫面帶來的情感連結，回顧時多看後兩個畫面，強化能量的累積。右腦的視覺化與想像力需要時間鍛鍊，有如上健身房需要自律與勤奮，你會發現生活逐漸在掌控中，重新拾回自信心與創造力，翻轉你的人生指日可待。

人生藍圖與導師

人生的某些情況，會讓人失去自信，無法靠自身力量解決問題，或下不了決定，不知道該何去何從。這個時候就該把自己交付出去，讓高層智慧（上帝）引導我們，共同來執行創造的過程——高層智慧扮演策畫者，自己則扮演執行者的角色。

西瓦心靈術隱藏版：心靈影片

ＥＳＰ潛能開發先驅西瓦先生於一九九九年去世前留給世人一份禮物，他選擇把隱藏多年的研究及領悟公諸於世——之所以隱藏多年，是因爲當時他認爲人類還沒準備好學習。新系統有別於他之前開發的課程，新增加了「心靈影片」技巧，利用兩段影片在沉睡前傳送給「彼岸」。每當進入無意識的深度睡眠階段，大腦呈現δ腦波頻率時，心智已脫離身體，投射到較高次元，也就是一般所稱的「神遊」狀態。這段時間我們與「指導靈」會面，報告自己在這個星球所面臨的問題，以及此生任務進行的狀況。**我們在「彼岸」發送任務清單給「導師」，醒來之後，在現實生活中尋找回應及接受協助**。

不論是否爲基督徒，許多人都會在睡前禱告及祈願，「與神對話」「向宇宙下訂單」的行爲模式其實早已寫在人類基因程式中。這源自於遠古文明的先人智慧，當時處於高度靈性的人類先祖透過調整自我頻率，與高次元智慧心靈交流。在各大文明的歷史紀錄中，人與神曾同時在地球生活過一段時期，爲了在歷史上做區隔，史前文明的先人稱爲「天人」，意喻能與上天溝通的人，有些原住民更認爲先祖是從天上來的高層智慧後代。

人類退化的器官「松果體」，在許多科學家眼裡是個神祕器官，目前仍無法完全了解其功能，但有許多古老修練法門的目標皆指向開啓松果體的特異功能。有趣的是，這個人類最小器官負責製造褪黑激素，這是一個調節睡眠機制的激素，必須在完全沒有光線下才能產生，因爲松果體有感光的細胞。這意味著人類超心靈能力與松果體製造睡眠激素有關，睡眠激素越多就越容易進入 δ 腦波層級，在這個層級人類心智與肉體分離，回歸本源，達到天人合一的境界。

傾聽內在聲音，而非往外尋找

修練不是爲了避世，相反地，生活才是理想的修練場。西瓦從人生領悟出人類是被派來的，如果上帝萬能之說成立，爲何不自己解決所有的問題呢？這個千年大哉問沒有標準答案。我的回答是，你相信上帝的世界是完美的嗎？如果是的話，那麼上帝要把屬靈的完美世界複製到物質世界，你認爲該怎麼做？有部電影給了很好的暗示，在《當地球停止轉動》的情節中，高層外星智慧爲了降臨地球執行任務，必須先轉化投生爲人類的生物形態。當主角以人形從生化外殼現身，也是全片的最高潮，而人形外星智慧克拉圖（主角的名字）的地球任務是解救地球，手段是消滅人類。眞實世界中，我們人類的任務是建立一個神性的物質世界，一個像天堂般美好的星球。西瓦先生認爲，**解決周遭問題、改善生活環境，留給後代一個更美好的地球，是我們被派來的眞正原因**。如果這是你的人生目標，你所面臨的問題與困難將會獲得高層的協助。

我曾在分享會中提過一個古老的宗教概念：身體、靈魂與神三位一體，也可解釋爲小我、本我、高我，或中醫理論的精、氣、神——在這裡，我傾向採用心理學的高我爲上帝的代名詞（見圖5）。西瓦先生認爲宇宙的管理有階級層次，上帝按管理範圍也有層級之分。宇宙有一個主要的上帝，不同次元各有領導，其下每個銀河各有管理者，每個銀河的太陽系有各司其職的領導，太陽系每個行星都有其代表，而在地球上的代表是上帝的分身——也就是各位。換個說法，每個人身上都設有上帝在地球的大使館，而高我就是大使館中的大使，也是上帝的代表，這個代表又稱爲「良知」。沒有這個認知之前，小我掌握了大部分的人生，本我在夜深人靜時偶爾被喚醒，高我的存在則完全被忽視。大部分人求神問卜希

我們此生的任務

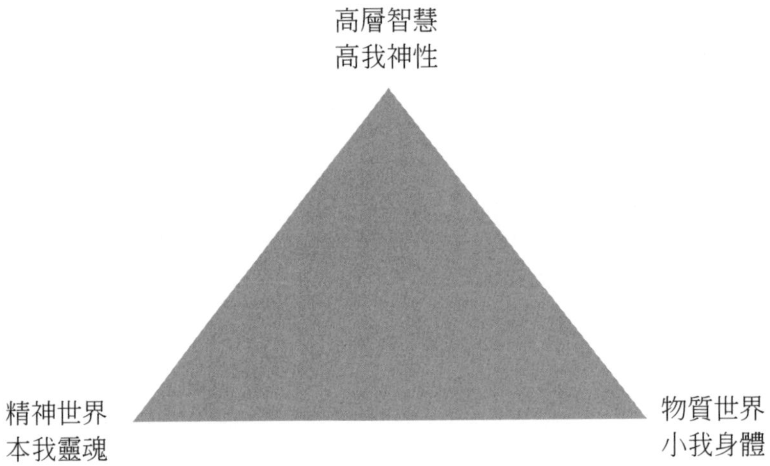

圖 5，與高層智慧連結

望獲得人生藍圖的蛛絲馬跡，卻不知道身上有個上帝的代表，不需要透過其他傳話管道就可以聯絡上祂。打個比方，你的導師要跟你說話，需要透過別班級的導師，再傳話給隔壁班同學告訴你，繞了這麼一大圈，你覺得合理嗎？爲什麼不直接問你的人生導師呢？

我常說，我只是個教練，不是老師，各位的導師是自己的高我，應傾聽內在聲音而非往外尋找。許多人想知道自己的生命藍圖，希望得到關於此生目的之解答。生命藍圖當然不在我們手上，我們也不會知道整個計畫，一旦我們都知道了，這次的任務就沒有存在的必要。在我們此生的地球任務中，「彼岸」休士頓的專業幕僚握有計畫藍圖，我們只須按照指示來行動，高層智慧會隨時監看各種數據，透過我們回傳的畫面得知任務現況，好依據情況給我們下一步的指令。我們與上帝指派的管理階層，就如同太空人與太空總署的關係，我們只需要調頻與對焦，拿起無線電與總部聯繫，有一大群高層幕僚正焦急地等待我們回報，而回報的方式就是睡前傳送腦中影片，訊息將轉化爲光波傳送至宇宙，接著只要耐心觀察與等候即可。

許多學員希望脫離現況轉換跑道，從事心靈療癒或相關工作，也期望這是他們原本的人生藍圖。我建議依據現況來尋找蛛絲馬跡，靜下心來拿紙筆寫下浮出腦海的關鍵詞。你不必知道將來的工作細節，只須想像你喜愛的場景，在新環境中滿足地享受工作——或許是在教室或工作室，你正在演講或跟同事討論進度，營造出你已擁有夢想工作的感覺、已找到人生努力方向的喜悅。

西瓦生前把一生的領悟，以及從高層智慧獲得的靈感，開發出與「另一邊導師」溝通的技巧：如同上教堂或寺廟與神對話，或去算命提出問題，而當問題無法解決或不知何去何從，你可將這些問題透過「影片」交給導師。

★西瓦超心靈感應2.0

心靈影片

1. 睡前坐在床頭，回想現在的困境與問題，把這些影像濃縮成一支短片，並在心裡構思一個改變的企畫，內容包含解決問題的逐步過程。

2. 在第二部影片中，你採取了行動，其過程導引到你所希望的結果。現況影片在面前、未來影片在左邊，改變現況的劇情需要創造力，結尾要以完成式來回顧。

3.一切畫面都靠想像，把聲音、動作與情節剪輯成精采的劇情片。兩支影片播放完之後，切勿起身，立即進入睡眠。

4.抱著感恩的心情進入夢鄉，你的訊息今晚將被「導師」接收，接下來幾天觀察生活中一連串的暗示，依直覺判斷是否為高層智慧的指引。

臣服並跟隨引導，走在你的生命藍圖道路上

我在成爲西瓦官方認證講師後，曾苦惱於不知上何處找學生，於是在睡前設定心靈影片，感謝上帝讓我成爲一名潛能教練，並想像我在教授這套訓練系統的樣子，地點是我的個人工作室；同時採用了美國教練教我的「廣播技巧」：站在高處用擴音機對整個城市講話，我還創造出另一項高科技技術，想像意念通過光纖網路傳送到每個人的電腦及手機。

不久後，我在工作室開了第一次的研習營；沒多久，一家在心靈領域頗負盛名的機構負責人與我會面，原本只是希望協助行銷課程，會談中負責人卻主動提出正式合作。事實上，我已在前一晚於睡前設定會談場景，如果這是我應走的路，請求高層智慧給我暗示。直到我寫這本書的當下，我都接收到高層智慧一連串巧合的引導。

如果你願意相信並接受協助，請按照我提供的方式設定目標，會發現一連串巧合並非偶然。**共時性是上帝伸出援手的證據，臣服並跟隨祂的引導，你會走在原本的生命藍圖道路上。**

第三章

開啓天賦潛能

番茄與水的實驗

日本江本勝博士的知名水結晶實驗（編注：見《生命的答案，水知道》一書，如何出版），雖然在科學上引發了很多爭議，但有情世界萬物皆有意識並相互連結，這個概念在近代受到廣泛討論，加上量子物理學相關實驗的驗證，網路上也找得到許多類似的實驗，證明人的意念透過某種形式傳導可影響生命物質。在我的工作坊中，爲了實證三場景的效果，做了一個有趣的小實驗，步驟如下。

番茄三場景實驗

1. 選擇小番茄或花朵放在兩個透明水杯中，左邊爲實驗組，右邊是對照組，放在靠窗邊的位置觀察一星期，每天拍照做對比存證。

2. 接下來需要先構思三個場景。閉上眼睛做核心練習後，在腦海中播放。第一個場景請觀看這兩杯水中番茄的現況，剛放進水中的兩個番茄應該一樣新鮮。

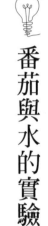

3.第二個場景最關鍵也最具挑戰性。請你發揮創意想像一個畫面，在畫面中對實驗組水杯做一件事，這件事能讓番茄持久新鮮。

4.在第三個場景想像一星期後兩個杯子的狀況：你做了某件事的實驗組番茄還是很新鮮，沒有做任何動作的對照組番茄已經腐爛發霉。

這個有趣的實驗證明了心想事成的威力，並加強對三場景技術的信心及重視，每天生活中任何小事都用得上這項技術。許多人抱怨日子不順利、過得不如人意，卻又消極接受宿命、無所作爲，如果有一個經過科學實證的方法能掌控每天發生的事，並完全按照你的意願來進行，還可以驗收你所要的結果，你會想要認眞學習嗎？這個方法是人類內在潛藏的本能，你只是缺乏鍛鍊它的技術。

在工作坊的練習中，我發現許多學員已被自己的信念所制約，感覺是被命運拖著走，而不是掌握自己生命的進程。我們應該擔負起責任，成爲日常生活的管理者，每天進入心靈層面預習接下來要做的事，並不斷重複與校正，確保它往你要的方向前進。西瓦先生曾說**失敗不是成功之母**，**相反地**，**成功是由許多小成功所累積**。每日生活細節按照你所願達成，成功的信心累積也會像滾雪球一般，最後能量大到翻轉你的世界，重新創造你想要的新天地。

不斷重複，強化你的願望

三場景技巧有個祕訣，就是**不斷重複**，重複是強化事物成形最好的方法。每天回顧番茄與水的實驗時，只需要重複第二及第三個場景，在潛意識的層級去回顧那些畫面，靜下來的時候就回想，夠專注時甚至不須閉上眼睛就可看見畫面。另一個重點就是要**投入**，如果只當作遊戲或者不當真，那麼這個實驗就很難獲得你想要的結果。物質層面的生活不也是這樣嗎？不聚焦某件事也就難以累積信心，不投入當然也缺乏情感連結。

我常舉一個例子：你的場景畫面就應該如同ＶＲ虛擬實境那般逼真，甚至閉上眼睛就看得到那兩杯水的變化——水的混濁度、水中的雜質與氣泡、光線的變化、光的顏色及強度、番茄外皮的變化等，感覺你就在現場一樣。這個實驗還會訓練你的視覺化能力，儲存於左腦對場景的記憶被提取出來，經右腦運作，在第三眼前的心靈螢幕上播放，就好像看ＶＲ一樣。想像中的畫面必須如此逼真，因爲它正朝你希望的方向發生。

在等待番茄與水實驗的結果之前，讓我們先初步了解近代植物學的跳耀式發現，這個劃時代的發現其實是個意外。一九六六年，西瓦先生開始公開授課，同年在紐約，因爲一個驚人的發現，測謊儀專家改變了他的人生。

克里夫．巴克斯特（Cleve Backster）是中情局的測謊專家，有天買了一盆龍舌蘭放在工作室，在一個偶發念頭下，他把測謊儀接上了盆栽的葉子，儀器突然出現了劇烈的圖形，跟人測謊時差不多。於是他用盡方法去刺激龍舌蘭，看會不會有更多變化；過了一段時間他有點想放棄，因爲不論怎麼試，植物毫無反應。後來他想用火燒看看，在剛有念頭的當下，測謊儀開始劇烈反應，驚訝之餘他開始思索，反覆測試後最終理解其原理。他意識到植物能讀取人類的思緒，之後他做了許多延伸實驗，發現植物間也可以互相傳遞訊息。這些實驗證明了萬物相通，我們處於眞正的宇宙物聯網，東方思想中的「有情大千世界，萬物皆有靈」間接獲得了證實。有些人是所謂的「植物殺手」，不論怎麼養植物都很難存活，如何在心智意念上善待你家的植物，現在你應該知道怎麼做了。經由周遭所反射出的現況，其實是你潛意識的內在本質。

天馬行空發揮創意

讓我們再回到實驗。現在你應該很有概念了，成功的關鍵是你在第二場景做的事。請天馬行空發揮你的創意，這也是實驗中最好玩的部分，我先舉幾個例子作爲示範。

想像自己拿滴管從瓶子裡吸取液體，接著往玻璃杯裡滴幾滴，並想像杯子裡的水起了變化。瓶子的液體可以是藍色或任何你喜歡的顏色，重點是你必須相信，那瓶不知名液體能夠延長番茄的保鮮期。或許那瓶液體是仙女送的神仙水——你所創造的故事自己必須信以爲眞，並且期待它一定會發生，這就是心想事成的基礎：信念。所有發明或偉大的發現都是無中生有，從天馬行空開始的。從無到有憑空揑造，靠的就是信念，有了信念才能接通高層智慧並接收靈感。

有時候，我會想像導引一道光到實驗組的杯子，這道光來自地球萬物的源頭，充滿生命能量。光射進杯子裡可以看到水開始起變化，翻騰的水穩定下來後開始發光，光透出玻璃杯照亮整個房間。

有時候學員會想到在杯子外貼上正面的文字，事實上，靠意念想像畫面，效

第三天　　第七天

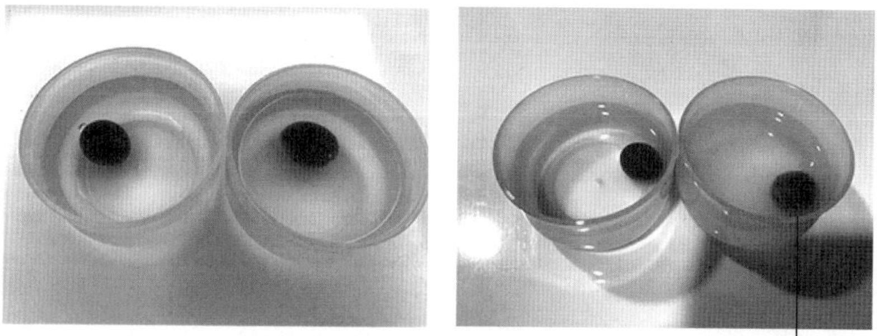

對照組番茄已腐爛，水變混濁

圖 6，番茄與水的實驗

果更強大，所以請想像用手指或拿著筆在杯子外寫字。請記住，唯有透過右腦的影像及畫面，才能夠有效把訊息傳送出去。

接著我們往左回顧第三個場景。爲什麼要往左呢？第一個場景在前面，第二個場景在第一個場景左邊，第三個場景則在第二個場景左邊，就像放幻燈片一樣從正前方往左，因爲對於主觀的心靈感官（俗稱直覺或第六感）而言，時空結構的現在在前面，未來在左邊。第三個畫面是看到一週後的樣子，也就是實驗開始第七天的場景，這個未來結果是你自己設定的；當然也可以反向操作，想像實驗組的番茄已經腐爛不堪，不過大部分人還是設定正面的結果。

我收到過學員實驗番茄與花朵的各種照片，還有人每天記錄變化，大部分人都驚訝於兩組明顯的差異，實驗結果有天堂地獄之別。在驚訝的當下，大家心裡都有個念頭，就是從此要小心觀照自己的意念。沒錯！你的實相是由每天一點一滴的念頭所形成，請不要小看這積沙成塔的威力。恐怖的是它發生在潛意識層級，你常無法察覺自己意念的形成，只是被動執行這個設定好的程式。

別忽視潛意識隱藏的神祕力量

在失敗的實驗案例中，實驗組早已腐壞而對照組還是完好如初，這時要小心檢視是否拿錯或被調包；如果不是，請回想自己回顧場景的當下，是否身體健康、心無雜念。有些案例證明，若實驗操作者平時就容易擔憂或抱怨，思想比較消極與負面，無形中這些意念便會投射在實驗對象上。幸好對象只是番茄或花朵，如果是人，經年累月的傷害就不言而喻了。有些學員在實驗階段感冒了，在毫無意識的情況下，把病痛的意念投射到實驗組番茄，實驗成果當然與預期相反，病痛下的正向意念反而加速了番茄的腐壞。雖然只是小小的實驗，卻揭示了宇宙生命運作的奧祕，千萬別忽視自己潛意識隱藏的那股神祕力量。

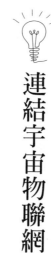

連結宇宙物聯網

在電影《阿凡達》中，納美人透過神經連結上植物與動物，下載大地的訊息並與該物種溝通交流。電影暗喻人類可以與萬物連結，宇宙存在一個能量訊息場，所有的生命都被涵蓋在這個網絡之中。這個網絡就是之前提到的雲端概念，人類及動、植物都可以透過這個平台共享資源。

在電影中，人類透過儀器將意識投射到外太空納美人的肉身，有點類似「輪迴轉生」的概念，這說明了人的意識可以脫離身體，進入不同的物質實相中，而且不受時空的限制及束縛。事實上，不需要透過那麼複雜的程序，人類的意識就可以自由進出任何物質生命，探測需要的訊息及解決問題之道。「良知」就是上帝在個人身上的代表。在電影的結尾，在利他而非利己的前提下，主角才能號召星球其他物種起而反抗，爲了群體及星球的存亡而戰。美國近幾年的電影也都散布了同樣的訊息：人類在星球存亡中擔任重要的角色，人類的本能也遠超乎目前所想像。這些電影在漫長籌備過程中，廣泛諮詢各類學者專家，許多劇情都有扎實的科學理論基礎，藉由電影，我們可以得到科學的新知與發現。

學習觀測能量

之前提到透過克里安攝影可以得到氣場影像，還可以依據氣場顏色及型態判斷生命體的健康狀況。根據科學研究，萬物都是光的能量所形成，量子力學之父馬克思．普朗克（Max Planck）終生致力於原子研究，**最後認爲世上根本沒有物質的存在，物質是由快速振動的量子組成，使原子運動和緊密維持在一起的力量，這股能量是物質形成的來源，他認定這個力量的背後就是意識，它是一切物質的基礎。**我們不須具備深奧的物理學知識，光憑肉眼就可以觀察出這股能量散發出的光圈，以下是我曾經做過的練習。

★萬物皆是能量

光圈觀察練習

1.選擇光線良好但背景較暗的場景，把手伸長，手掌張開，順著手臂直視手指，視覺慢慢延伸到遠方，利用餘光或瞇眼來看手指。你會發現手指周圍顏色較暗，外圈顏色逐漸變亮，彷彿有白色的光圈在邊緣。多練習幾次，你就會察覺到紫色光的漸層變化。

2.在路邊或公園選擇一棵植物，最好不要太茂密並可清晰看到葉子輪廓。在背景相對較暗的情況下，直視樹葉並逐漸把視線延伸至遠方，過一段時間你會發現葉緣的漸層變化，也會清楚看到不同顏色及外環光圈。

3.找一個無雲的晴天直視藍色的天空，你會發現細小的光點在空中游移，或者是能量形成的波動感，就類似在汽車排煙管後看到的景象。這個實驗也可在室內關燈的情況下進行，室內只允許窗外的微弱光線，你同樣會看到粒子形成的波浪，流動的感覺就如同梵谷的畫一般。

在西瓦超心靈感應的官方進階課程中，第一堂課是使用心靈感官，對沒有生命的物質王國進行探測，練習目的是希望把心智投射到物質內，用直覺來感知物質的物理特性，探測其眞實的振動頻率。課堂中我會先調頻學員的腦波，在旁導引整個程序。

以下這個練習比較單純，或許你可以在家裡試試看，請一個有催眠經驗的朋友在旁引導你。這是你第一次把心智投射在物質之中，如果嘗試後不如預期，並不代表你不具備這個能力。

★有效感官投射①

物質探測

1. 挑選幾樣物質來練習感應，例如導電效果由高而低的金屬或岩石。你也可以找家裡的925純銀戒指、五金店的黃銅零件或鎖、常用的不鏽鋼湯匙、園藝用的小卵石來練習。

2.首先，在張開眼的β腦波層級觀測。將每個物質拿在手上近距離觀察，用客觀的生理感官——視覺、嗅覺、聽覺、味覺、觸覺——來探測，並記住各個物質的對比。

2.進入核心練習，把腦波調整為α波，接著在進入潛意識層級的情況下，想像把自己的意識投射在物質之內，並且探測物質內的光線及顏色、溫度、味道及密度。

許多學員對於光線及光線色彩的感應相當敏銳，但對於溫度及味道顯得較爲吃力。敏感的人能感受不同物質內外的溫度，而只有心靈感官敏銳的人會在深呼吸時，或在舌頭不同部位感覺到不同氣味。物質密度的感應難度就更高了，我通常會要求學員敲打內部的牆壁來獲得訊息，從回音的高低、內部的彈性來了解其密度。

我們可在平日無意識時經常做這個練習。例如在下雨之前我們常聞到水氣及霉味，這是環境物質吸收了過多的濕氣，而我們在無意識下開啓心靈感官，把自己的意識投射到充滿水氣的物質中，所探測得到的訊息。在燒菜時，這個心智探測的本領更是發揮得淋漓盡致，我們會知道菜熟了沒、味道夠不夠、還需要多久時間等資訊，對一個沒有做菜經驗的人，學習使用心靈感官（直覺）來做菜，一定能無師自通、得心應手。在日常生活中練習把心智投射在環境中，可以探測家中的漏水、潮濕問題，發現設備及車輛內部故障的原因，提早預防，避免不必要的損失及災害。

探測完無生命的物質後，接下來的課程會探測有生命的植物王國，步驟跟之前探測物質完全相同。我通常會選兩種不同樹的葉子來做對比，這可能會比冷冰冰的金屬容易探測。

在學員閉上眼進入潛意識 α 波後，感應到溫度與氣味的人數增加了，許多人對於葉子內部的密度有不同感覺。概括來說，高大的喬木比灌木葉子內部光線較暗、溫度較冷、味道較烈、密度較高。

植物較常跟人接觸，因此也較容易產生心智能量上的連結。有植物殺手稱號的人要特別留意自己的心念，在許多無意識的當下，我們可能把不健康的訊息及負面能量傳送出去，植物成了我們情緒的垃圾桶，番茄與水的實驗驗證了這點。

因此，從家裡植物生長的狀態得以窺探，從而判斷、得知主人的能量氣場。從另一個角度而言，許多植物其實接通了大地的能量場，我們可從某些植物接收療癒的能量。經過我的探測與感應，其中以高大筆直的喬木爲代表，這類屬於較高海拔、葉子較小、較不茂密的樹種，其根部較深入土壤，爲了抵禦氣候及環境，儲存能量的能力較好。建議多用雙手觸摸這些大樹的樹幹，可以的話請赤腳站在樹根上，敏感的人會感應到一股微涼而麻的電流貫穿到尾椎，這股能量上升到兩眉之間的第三眼位置，之後會感覺到大腦清涼及清明。

另一個練習，我穿插在教學中當作餘興節目。同樣的心靈感應步驟，這次換成使用水果，選兩種不同水果來練習。同樣進行快速核心練習後，開始感應光線、溫度、味道與密度，但這次多加了探測甜度，很適合家人或親子一起練習，猜猜看哪個水果比較甜、哪個還沒有完全熟成。許多學員在吃掉水果之前就已經知道結果。這個技巧可用來挑蔬菜水果，在買生鮮肉類時可提早知道是否新鮮。

練習的步驟如下。

★有效感官投射②

水果探測

1.在靜下心、兩眼不聚焦的白日夢模式下，回想電影《蟻人》的情節。想像自己縮小成原子層級，跳入手中的水果內。

2.首先想像進入一個大空間。你會感覺身在一個色彩鮮豔、氣味誘人的大房間裡，接著看見光線射入，一陣溫暖、芳香撲鼻的濕氣朝你襲來。試著感覺光線、氣味與溫度。

3.你可以在裡面翻滾、跳躍，感覺四周牆壁組織的彈性，試著感受內部牆壁的粗糙程度及纖維密度，只須半分鐘就能感應所需訊息。

以上練習是建立「有效感官投射」ESP的基礎，練習多了你會發現感官日益敏銳，與植物連結久了也能感應其狀態，植物殺手稱號從此消聲匿跡；你將從植物身上得到許多回報，逐漸也能感受到萬物一體的眞實本質。

降低腦波的目的是調頻並進入潛意識，在α波的層級下我們會開啓心靈感官。如果你想進一步學習開啓這些潛能，建議跟我一樣尋求官方認可的管道，在專業教練引導下，透過他的大腦經驗來更快地學習。

接觸感應與靈視

在電影或電視影集中常有如下情節：發生人口失蹤或謀殺案件時，當警方偵查陷入膠著狀態，會拿著失蹤者隨身的物件，或者現場凶手遺留的證據，抱著一絲希望登門拜訪靈媒，希望藉由感應追尋物主的下落。同樣的情節也發生在失明警探身上，雖然失去了視覺，卻開啓靈敏的第六感官（靈視），即使無法看見凶手，仍可依靠接觸感應，描述出凶手的樣貌與人格特徵。

在現實生活中，每個人都有這樣的本能。記得小時候玩交換禮物的遊戲，隨機抽取的禮物我們大致可以感應到是誰送的；偶然撿到別人遺失的物品，也可感覺到屬於何種類型的人。

人體的氣場

人體與物體各有其振動頻率，由內而外輻射出電磁能量場（俗稱的氣場），當兩者的氣場重疊時，會產生信息交換的現象。人透過接觸物體能感應到他人資訊，人與人在一定距離也會產生氣場重疊現象，因此兩人在路上行走交會，照面時會不自主產生防衛機制，下意識希望保護自我不被對方偵測。但如果兩人頻率相近則會產生共振現象，好感取代了保護機制，接納替代了排斥反應。

根據研究，人能感應六公尺範圍的訊息，人類的氣場可向外輻射三公尺左右。西方專業人士根據觀察氣場的經驗，依據位置、顏色、亮度、形狀、密度及功能來定義氣場層。本書採用芭芭拉・安・布藍能（Barbara Ann Brennan）在《光之手》（*Hands of Light*）一書中的描述。

芭芭拉長期靜心，透過靈視的方式看到七層氣場，最後甚至看到連結宇宙場的第八、九層氣場。基本的七個氣場層連結人的七個脈輪，由內而外分別是乙太體（海底輪）、情緒體（臍輪）、心智體（太陽神經叢）、星光體（心輪）、乙太模板（喉輪）、天人體（眉心輪）、因果體（頂輪）。前三者與身體層面有關，第四、五層與星光（心智）層面相關，第六、七層與靈性層面有關，開啓這方面的靈視能力，就能看到不同色彩的氣場層。沒有靈視力的一般人也可練習感覺這股能量，我最初學習靈氣時，有個訓練手感的方式適合每個人練習，步驟如下。

★手感與靈視練習①

能量手感練習

1.雙臂自然垂下，雙手掌心相對，十指指尖輕微相抵接觸，接著往外分開後再度指尖接觸，如此來回十次。

2.指尖拉近至相距二～五公分，這時候手指應能感覺到微麻的電流感。每次試著往外拉開一定的距離，感覺指間電流的強弱。

3.指尖分開大約十～二十公分，感覺雙手之間的能量抗阻，再拉開到二十～四十公分感覺看看，然後雙掌往內壓縮，並感覺到手中的能量球。

在官方ESP的進階課程中，有個結合手感與靈視的練習，稱爲「接觸感應」。這個練習也比較簡單，平常可以跟朋友或親子間當作遊戲練習，許多學員都很感興趣，有點類似猜謎遊戲，步驟如下。

★手感與靈視練習②

接觸感應練習

1.請親友準備你不認識的人的隨身物品，找一張紙條寫下個人資料，包括年紀、性別、工作、個性、家庭情況等，將紙條與隨身物品同時放入一個信封內，信封外只有名字資訊。

2.兩人以上為一組練習，一個擔任引導及記錄，其他的人為測試者。開始前由引導員帶領大家進行核心練習，接著測試者隨機抽取信封，放在掌心開始感應。

3.測試者可試著邀請物主出現，想像一個人推開門或布幕進入房間，第一個直覺會帶領你看到影像，試著感覺外型、性別及年紀，以及高矮、胖瘦及髮型特徵。

4.試著問對方問題，等待一陣子讓腦海出現靈感，或從自身的感覺來判斷對方的狀況，某些身體不適可能會反映對方的生理狀態。

這個練習，許多人靠直覺來答覆，命中機率平均爲五〇%。有些時候完全猜錯受測者個資，能夠看到影像的機率不高；有時候會呈現清晰的受測者影像，同時靈視的結果也較準確。年紀較輕、心較靜的條件下，命中機率也較高。

記錄者寫下每個人所偵測到的資訊後，打開信封展示物品與受測者的個人資訊，並對照每個人的答案，這也是大家最期待及興奮的時刻。有時候個資填寫的資訊太少，相對偵測到的資訊較多，可請案例提供者事後詢問這些細節，再來印證資訊的可靠性；有時候偵測到的資料遠超乎大家想像。完全答錯的情況也不要氣餒，有些物件太多人經手，或者放在提供者的袋子裡太久，都會對物品能量場造成干擾。

從這個練習我們得到一個結論：人經常使用的物品就有其氣場存在。這也難怪名人的簽名很搶手，全壘打的棒球人人搶著要，成功者使用過的筆更是難能可貴的禮物。相反地，流浪漢、害群之馬、頹廢不振或運氣不好的人，其隨身物品大家都避之唯恐不及，就算站著也不想要坐這些人坐過的座位。古代孟母三遷也是這個概念，磁場較雜亂、負面者居住的地方，其居所也會形成不好的磁場。這也反映在房地產地段的價值上，素質較高的人會選擇住在同一區域，該區的學校教育品質及名聲也較好，地段的行情也維持穩定不墜。

善用心靈感官，輕鬆掌控生活

學習接觸感應與靈視有許多好處，這是訓練透視能力必學的基礎，也是對他人及空間氣場感應的必修課程。試過上述感應練習後，許多人覺得自己可能在亂猜測，事實上處於 α 腦波的當下，偵測者正在透過心靈感官，也就是俗稱的通靈來探知能量互連網的信息。此能力一旦被開發即能得心應手，靈感、直覺會越來越準確，感應訊息時也容易同步出現心靈影像。

在一些聚會場合，我曾目睹通靈者猜出之前會議進行的對話，以及參加會議人員及當時的場景，這些人常被稱爲料事如神。親子關係中也常發現這類情況，父母會感知到孩子今天在學校的表現，尤其是在重大活動的時候；男女關係中也會感知到對方當下的場景。有個學員的兩個女兒具有特別強的靈視力，一次視訊家教課程中，我們正在練習三場景，這位母親希望在自家空地搭建貨櫃屋，剛構思完畫面時大女兒剛好經過，當天線上課程結束後，女兒跑去問母親：「妳是不是要搭貨櫃屋？因爲我有看到畫面，貨櫃屋還是彩色的！」母親很驕傲地跟我說這段過程，她覺得這輩子是女兒來指導她如何當母親的。

我年輕時曾對星座有極大興趣，但我研究的方式與其他人不同，是採用直接看人感應的方式，取代複雜難懂的圖表。有次一桌初次見面的朋友圍在一起吃飯，跟每個人閒聊幾句後，我開始感應這些人的星座，猜測太陽、上升、月亮、金星、火星等主要的對應星座，最佳狀態時猜中的準確率高達八成，其中還包括他們的伴侶。這個特殊能力雖然獲得矚目，但大部分人不希望透露隱私，另外也因爲應付不來太多的好奇心，我逐漸少在公開場合使用這個能力。回想在偵測訊息的當下，我看得到對方家庭生活的場景，也透過靈視得知對方另一半的大致面貌。

這個天賦在工作上也助益不少，我在從事室內設計工作的過程中，可以感應出房子的氣場、潛力及隱憂，透過跟房屋主人的接觸，可感應其生活習慣及性格，在施工過程中也可以透過靈視來遙控，並提早預防可能發生的問題。預知也是心靈感官開啓後重要的能力，我們不需要成爲通靈預言家，只要善用心靈感官，就能幫助我們輕鬆地掌控生活。

大腦X光透視儀

全世界各地都傳出有特異功能的事蹟，或許你聽過有些人可以看穿人體，並且看到對方體內的病灶。有個加拿大小孩從小擁有特殊能力，可以隔空讓物體移動，還能透視人體。他觀察到導致母親頭痛的綠色能量，下意識徒手將能量取出，從此母親的神經痛完全消失，也隔空治好了搖滾巨星的胰臟癌，他就是「量子療癒場」（Dream Healer）系列書籍的作者亞當（Adam）。

亞當的故事

年輕的亞當參加了阿波羅十四號太空人艾格．米歇爾（Edgar Mitchell）的演講，演講結束後兩人有深入的討論，證實自己看到的氣場是「人體能量全像圖」。所謂的「全像圖」是含有個人訊息的立體投射，當中包括過去、現在、未來所發生的事情，以及個人的健康狀態。亞當看到人所呈現的氣場畫面正是這個「能量全像圖」，與之前提到的「靈魂模具」「能量模具」是同一個概念。

亞當天生具有千里眼（遙視、透視）的能力，能夠不受時空限制掃描特定對象，疏通個體能量堵塞並同時提升其能量。爲了更了解人體療癒，亞當後來申請醫學院就讀。在網路上，他的透視療癒要提前好幾年預約，尋求協助的各類病患絡繹不絕。

亞當十六歲生日當天在溫哥華島的一次偶遇，從此改變了他的人生與命運。他遇上了印第安傳說中的神鳥——雷鳥（身高約一公尺的黑色巨型鳥類），並下載了自己無法完全了解的訊息。就跟西瓦夢中的那道光一樣，高層智慧的引導通常只是看似毫無意義的偶遇，這些機遇卻成爲人生的轉捩點。但不是每個人都需要經歷這個過程，亞當認爲每個人都具備療癒潛能，我們都是整體的一部分，其本質是相互連結的能量；西瓦相信只要透過科學、系統化的重複訓練，每個人都能開啓隱藏的超感官能力。亞當將掃描人體的過程形容爲「心靈遙控」，整個過程就好像拿著電視遙控器，選擇想看的頻道並對準角度，就可獲得需要的人體全像圖，從外觀開始再放大到每個局部器官，一切全憑自己的意念來操控。

想像自己是一部X光掃描機

以上描述解釋了西瓦 ESP 官方進階課程「動物及人體透視」的練習。我常用一個比喻來幫助學員提升視覺能力：想像自己是一部 X 光掃描機，從頭到腳掃描受測者。回想自己在醫院看到的 X 光片，只不過你看到的是彩色的立體影像。

養寵物的人都有一個共同經驗：發現牠們很不舒服時才警覺到不對，通常送醫後便為時已晚。你是否想過，如果你能夠提早預知情況，寵物的病情就可以提前得到控制？在西瓦官方進階課程中，有個練習可以讓你成為寵物溝通專家，並親自療癒牠們的所有身心不適。

在練習前，我要先強調，「寵物透視」練習對一般人來說較為困難，除非你是天生通靈者，或經由官方認可的專業教練帶領，否則這個練習可能會讓你感到挫折。如果你有寵物並希望與牠們的心靈連結，可以姑且一試無妨，請保持平常心即可。

★透視練習①

寵物透視練習

1. 拍下寵物的照片（如果沒養寵物，可從網路下載喜歡的動物圖片），仔細觀察外觀、皮毛、顏色及五官特徵。

2.在網路上搜尋寵物的骨骼及器官解剖圖，看三十秒後閉上眼睛想像畫面，反覆練習，直到能觀想出清晰立體的構造為止。

3.閉上眼開始三個階段的核心練習後，進入右腦α波的核心層級，在心靈螢幕的位置投射出寵物的影像，從頭到尾仔細觀察外觀。

4.想像自己是一部X光掃描儀，全神注視寵物額頭，當下會看到半透明骨骼影像，仔細從各個角度掃描立體骨骼結構。

5.接下來注視特定部位，便可進入器官的層級，例如大腦、心臟、肺臟、肝臟、胃、腎臟及大小腸，由上而下掃描。

6.掃描時，由外而內進入不同解剖層級，退出時則要由內而外，從器官、骨骼、皮毛依序退出。

7.最後觀想寵物經過你掃描後，展現充足活力、神采奕奕的樣子，並且想像牠已經獲得了完美的健康。

掃描動物與人體有很大的不同，人體結構比動物複雜得多，需要記住各個部位的骨骼及器官圖像；人體還有複雜的神經網絡，包括重要的自主神經系統（交感與副交感），需要較長的時間來蒐集並熟悉這些系統，建議分成四個區域來研究，分別爲頭、胸部、腹部、腰部以下，重複回顧解剖圖，直到完全記住爲止。

這個「人體透視」練習，在西瓦官方課程中屬於高階的課程，**建議沒有經過專業訓練的人，必須在官方認證講師指導下練習，不可自行當作健康檢查，或取代正常醫療管道**。爲了揭開其神祕面紗，使普羅大眾了解這方面知識，我將流程大致敘述如下。

★透視練習②

人體透視練習

1. 找一張你認識的親戚或朋友的照片，仔細觀察其容貌及外觀特徵，例如頭髮、五官、高矮、胖瘦、年紀、皮膚狀況等，記住任何吸引你的地方。

2. 調頻進入α波的狀態，掃描各個部位，一樣由上而下、由外而內依四個區域掃描，退出時也是由內而外分層退出，掃描完一個區域再到下一個區域。

3.進入內臟組織層級時，想像是活生生跳動的器官，並且觀想自己在看X光片。這些器官呈現半透明狀，你會清楚看到內部液體流動及組織運作。

4.你投射出的是立體的人體解剖影像，記得從各個角度來觀察內部構造，記住觀察到的細節及顏色。這些主觀參考資訊將儲藏在潛意識中，下次練習時大腦會自動搜尋這些記憶。

5.掃描完成後如果感覺有任何異狀，記得投射出對方健康、充滿活力的影像，想像他們已經完全恢復健康。

在逐步導引的人體掃描過程中，許多學員無法完全看到清晰的影像。與他們討論後，我得出幾個結論。一個可能是基於恐懼，大部分人對人體生理構造感到生疏，甚至害怕看到親人的解剖影像，對於這種情況我建議應正面思考，因爲你正在爲他們做健康檢查並療癒他們，對方會很感謝你才是。另一個導致畫面跳動或者模糊的因素，經了解後，我發現是疏於事前準備。學員對人體的骨骼構造及器官樣貌不夠熟悉，要重複多看圖片取代死記。視覺化的練習必須在足夠的經驗下才能落實，右腦運作需要仰賴左腦的記憶，左腦將過去儲存的資料轉換成右腦的影像格式，很自然地投射在心靈螢幕的位置。另外，許多人懷疑所看到的活生生影像是自己的幻想——也許你還不能完全相信「夢想成眞」這件事。如果毫不懷疑自己能看到「人體透視」影像——因爲「亞當」看得到，你就看得到——在**專注投射影像時，你的心智已投射到遠處的受觀察者身上，透過意識的延展，你連結上了生物量子能量場，從那裡探測並讀取需要的訊息。**

「人體透視」是非常高階的鍛鍊，缺乏經驗的人很難得其門而入，必須在有專業背景的教練帶領下，在由淺入深、循序漸進的專業培訓下，從降低腦波的調頻開始訓練。根據過去的經驗，大部分人都可以完成西瓦ＥＳＰ進階課程。心態越開放、越放鬆，就越容易取得較好的成果，而抱著赤子之心及年齡層較低的人，學習表現相對比其他人積極且快速。

如果想在家自己做透視練習，建議從較簡單的小動物開始。想像自己回到生物課堂上，看著實驗桌上被解剖的小動物，可以想像用手觸摸器官，感覺心臟、肺臟及血管的跳動，透過直覺得知這些器官是否強健，組織是否有彈性與扎實。等熟悉透視的流程，並對解剖生物不再感到畏懼之後，再來考慮是否報名官方認證的課程。

神奇的健康案例

練習人體透視的目的是掃描健康狀況，在右腦α維度透過心靈感官來感知，閉上眼或雙眼直視的白日夢模式，所接收到的影像是「人體全息投影」，也就是當我們進入潛意識層級，所探測到的物質實相「能量模具」。**人體每個細胞**、**組織**、**骨骼**、**器官乃至循環系統都有其「能量模具原型」**。平時我們觀察到的人體狀態是物質顯化後的表徵，肉眼所看到的是人體構造的反射波，就算透過儀器檢測，得到的還是二手資訊。而透過心靈感官，我們偵測到生物原本的振動頻率，這些生物波被接收後，經由大腦轉換爲影像，所得到的訊息是最眞實的健康狀況，因此人類大腦才是最精密的檢測儀器。透過不斷練習「人體透視」，我們便能熟悉人體內的骨骼、器官及神經系統，「觀想」得到的影像就會逐漸趨近眞實，透過心靈經驗的累積，猜測模式將轉爲眞實的「超感官感知」。

西瓦先生曾提到「五十個神奇健康案例」，經過數十年的祕密研究與驗證，在一九九七年公布了一套ESP鍛鍊系統（也就是西瓦超心靈感應系統），當中最重要的練習非「健康案例」莫屬。根據西瓦自身的經驗，經過五十個「健康案例」的訓練，人類潛藏的超感官能力將從此被開啓。

我學習健康案例的經驗

在我工作坊的官方課程中，我在最後一堂課會要求學員做至少十個「健康案例」練習，也藉機驗證一下學員的學習成果。回想我在練習健康案例的情況，透過視訊端教練提供的受測者資訊，只有英文名字、年紀及此人所在的美國地點；接下來我要靠自己進入 α 腦波層級，去探測這名陌生人的健康狀況。

剛開始我感覺眼前一陣黑，有如在黑暗的房子中摸索，好一段時間就像第四台斷訊一樣，接著剎那間靈感閃現，我邀請對方打開門進來我所在的房間。這時閃爍模糊的影像開始出現，模糊的人影逐漸清晰到我可判斷對方的身高、胖瘦與髮色，接著我觀察對方走路的模樣來判斷是否有異樣。我快速從頭部往下觀察外觀特徵，接著進入透視的「半透明模式」來觀察對方的頭骨及牙齒狀態，順便整體掃描骨骼架構來發掘任何異樣，有時候會發現局部骨骼的變形及不對稱，或者顏色較深或模糊的地帶，這些都是可能出問題的徵狀。

我對腦部的構造有過深入的研究，在透視大腦時我會特別觀察大腦皮質，從外觀皺褶及顏色來判斷是否健康。我發現年長者或壓力大的人，其大腦皮質皺褶較不明顯，有時候皺褶內有深色的物質，外觀顏色較灰白、暗沉而不是健康的粉紅色。我也會從其他角度來觀察，由下而上來看延腦部分及自主神經系統。接著我把焦點轉移到胸腔，觀察重要的心臟與肺臟，感覺這些器官是否有足夠活力、外觀是否飽滿與充滿光澤，看起來較新鮮的器官比暗沉的器官來得健康。有時間的話，我還會進入「器官半透明模式」，觀察心臟瓣膜及肺臟內部的運動，以及血液與生物液體的流動狀態；更進一步可手握器官來感知是否強健，手指捏住大動脈來感覺血液流通是否順暢。接著把焦點轉往腹腔，由上往下觀察肝臟、胃及胰臟。觀察的方式與心肺雷同，我會特別注意肝臟的色澤及胃的蠕動狀況；隱藏在胃後面的胰臟最難觀察，一般人對胰臟的形狀很陌生，我經常在胰臟皺褶發現深色斑點，或者觀察到乾癟萎縮的胰臟，這些情況大多發生在老人身上，其中多數人有血糖的問題。

下腹腔也有許多重要的器官，我會先從腎臟來觀察。位於腰兩側的腎臟大多呈不對稱狀，通常一高一低、大小不一致，年紀較大或生活不規律的人腎較不健康，呈現出顏色較深沉及萎縮的腎；有時候會發現腫脹的腎臟，可能是結石或發炎現象。接下來觀察銜接胃的小腸及大腸，我會以半透明模式來觀察，或觀想光沿著腸道內壁穿透，想像自己置身電影《驚異大奇航》中的實驗艙，在腸道內透過探照燈來探察。我花了一段時間記住了複雜的腸道位置圖，因爲很容易搞錯方向而迷路，途中感覺較暗沉及狹窄的部分，代表腸道內淤積或發炎的地方；有時觀察受測者時自己的相同部位也會有感受，例如脹氣或不適的現象。如果時間允許，我會再觀察膀胱或子宮的情況，膀胱有時也會有類似腎臟結石的現象。然後再往下檢視雙腿肌肉及血管，我會特別停留在關節部位，仔細觀察骨骼銜接處的韌帶及周圍組織，有時候會發現粉末狀的物質，或腫大積水的發炎現象。最後我會退回到骨骼及皮膚層級再觀察一次，透過皮膚狀況可以發現某些內在問題。

我做過的十五個健康案例中，有些受測者是美國講師的親友，一部分是國際西瓦學員提供的網路資料庫，一個案例則是教練家中的寵物狗。我在做案例掃描前毫無把握，一方面是我在「接觸感應」練習表現得不理想，另一方面我對自己的透視能力沒有信心，在抓著頭皮豁出去的心態下，出來的結果卻令美國教練感到吃驚。她一直認爲我有這方面的潛力，十五個案例中有將近九成的高命中率，在她的教學經驗中非常少見，在未經長期專業訓練下，沒有人能達到這個成果。在鼓勵我要對自己有信心之餘，她認爲我天生具備通靈的能力，這是我早已知道但不願承認的能力。

在案例掃描過程中，要看到具體清晰的影像實屬不易，大部分的時候必須靠靈感，它會引導我觀察可能有問題的部位。若掃描到的訊息有限，我會以想像戴安全帽的方式，進入對方的大腦掃描來探測問題，在心裡問對方是否有壓力或哪裡不舒服；有時我會問對方的家庭及工作狀況，然後靜待腦中浮現的第一個靈感。有些情況是掃描到受測者的心跳很慢，進入對方腦中也得不到太多訊息，這種情況發生在受測者熟睡時，也有可能是對方潛意識的排斥作用。

測出受測者也不知道的問題

我會要求學員在「健康案例」練習中互換取得的案例資料，鼓勵他們先從陌生人開始練習，如果能掃描素未謀面之人並取得健康訊息，表示遙視與透視的潛能都被打開。練習的結果通常呈現兩極化，有時候數個案例答案完全錯誤，有時連續幾個都精確命中。在團體中總有一兩位的透視能力特別強，感應到的資訊也特別準，這些人通常心靈敏銳度較高，在學習過程中也反應最快、最積極。

有些情況較特殊，兩個人同時掃描出某個健康問題，但案例提供者不清楚這個訊息，我會建議他們課程結束後去查證。許多受測者也不知道自己有這方面問題，我會建議對方做這方面的健康檢查，結果在許多案例中證實掃描的資訊正確無誤。舉個例子，在「健康案例」練習中，有位女性學員的朋友被偵測出手臂有問題，當時她認爲應該是對方搞錯了，也沒有很在意。課程結束不久後的某天，她跟這位朋友見面後大吃一驚，因爲她的朋友手臂被燙傷一大塊，就發生在她那天上課不久前。經過這個親身經歷，她從此對「健康案例」的掃描結果信心大增。

常見問題

在學習「健康案例」時常被提出的問題，我將比較重要的整理如下。

有些人擔心未經同意而掃描他人可能不好，基於尊重當事人，我會建議先在心裡知會一下受測者，告知你要做的事並請他配合。他的潛意識會允許你進行掃描，**因爲在幫助他的前提之下透視他的身體，你的心智將被允許連結上他的「靈魂模具」，在平行宇宙的能量維度上，偵測並解決他的健康問題。**

有些人只靠靈感來猜測，因爲他們看不到影像。對於這個普遍的現象，我建議當捕捉到靈感時，要立刻觀想有問題的器官或骨骼部位，因此對於人體解剖圖要熟悉，並能想像出三維的逼眞畫面。

「健康案例」是透視及遙視力開啓者的進階訓練，天生通靈者可自學練習，一般人最好在官方授權的專業人士導引下學習。心靈鍛鍊有如上健身房，要循序漸進而非一蹴可幾，越早學習越容易上手；一旦學會了，即終生打開這項潛能。

創造專屬療癒室

能量療法與潛意識療法

新時代的各種療癒理論及方法，大致可分爲兩類。一類是氣場探測能量釋放法，其基本理論爲透過肉眼或肌肉測試，來偵測干擾氣場的能量或受困情緒，透過徒手釋放或導引能量的方式，達到氣場平衡、能量流通順暢，市面上的書籍及國外引進的課程大多屬於這類。這類能量療法的缺點是很難眞正學會，大部分人不是天生通靈者，看不到人體氣場的變化，肌肉測試或手感訓練也只適合部分敏銳的人；優點則是能立即觀察前後結果，比較適合療癒師職業上的操作效果。我學習過的臼井靈氣、情緒密碼皆屬於這類的療癒。

能量療法有其不足，無法解決我提出的疑點，也就是解決不了「因」的問題，在物質層面只能解決問題的表徵，複雜的人體系統只靠外來的能量操作，無法眞正開始修復並如常運作。因此我決定開始研究潛意識療法，終於發現祕密在

「大腦的運作模式」。大部分情況下，我們處於左腦 β 波所做的療癒，只能暫時解決顯意識物質層面的問題，而眞正的療癒發生在右腦 α 波的潛意識層級。

創造性的療癒

我所研究的第二類療癒與大腦創造有關，也就是人類超心靈感官ＥＳＰ的研究與訓練，**唯有找到方法將腦波降至穩定的 α 波，我們才能啓動右腦所控制的心靈感官，進而將潛意識轉化爲內在意識，並停留其中開始創造新的實相（新生的生理系統、器官與組織）**。這個過程在進入潛意識後瞬間完成，只要能創造出療癒的影像即可，藉由改變人體特定部位的「能量模具」，進而創造出健康的細胞與生理組織。這是每個人都學得會的方法，不管近距、遠距、自我療癒還是療癒他人，祕訣是不斷重複療癒過程及結果的影像，尤其結果要以完成式來想像。所謂天道酬勤，有效的療癒必須靠堅持與信念，天下沒有瞬間康復的神蹟，所有潛意識中的修復都在潛移默化中一點一滴累積而成。我常對學員說，要學習潛意識療法必須先打好根基，核心練習堅持早、中、晚三個月不間斷，如此才能隨心所欲進入α層級；遙視及透視要勤於練習，對人體構造及器官要熟悉到滾瓜爛熟，最後要多練習「健康案例」以累積成功經驗。

在官方課程的「人體透視」練習中，當下發現的問題最好立即處置，若發現器官衰弱或發炎情況，西瓦建議想像一個新的健康器官來取代原來的舊器官。一般人很難想像健康器官是什麼樣子，在市場買過豬肉的主婦都知道，新鮮的內臟應該都是比較光澤粉嫩的：健康的大腦是粉紅色的（除了後腦顏色比較深），健康的肝臟及腎臟看起來顏色都不會太暗沉，健康的心臟也是顏色光澤紅潤，跳動規律且活躍，肺臟也是光滑的而且看得到微血管分布，總之人天生會知道臟器健康與否的樣子，這是人類天賦的直覺本能。有時候看到的一部分器官很模糊，感覺像是鏡頭沒清潔乾淨，這表示部分器官可能被切除，有時候呈現的是很淡的陰影。骨骼常見的是變形或關節處發炎，可想像正常健康的骨骼構造來取代，這部分許多學員覺得比較困難，最好完整掌握人體骨骼架構就會比較容易達成。牙齒、眼睛、皮膚、頭髮這些外觀比較容易想像，只要回想年輕時期健康的模樣，平時可以準備早年的照片在身上，沒事多看幾眼過去青春洋溢的模樣。

療癒的靈感：創造你自己的療癒方式

熟悉「人體透視」並能快速掃描的學員，我常建議他們把療癒集中到掃描完後再做。我的美國教練希望我自己創造療癒方式，於是我把半輩子經歷過的醫療方式全都用上——用熱敷來解決筋骨問題，用水來沖洗不乾淨的器官，用冰塊來消除紅腫，此外我還配合藥劑注射的方式，只要能想到的方式都用上，直覺會給出最好的指引。

除此之外，我還創造了「專屬療癒室」的空間，像診療室或健檢中心的感覺，設計出能讓自己舒服放鬆的場景。同時，我也設計了各種醫療儀器：一張多功能的醫療椅，有點像牙醫診所可調整姿勢的躺椅，上面有各種管子連接噴頭，有釋放水及雷射光的噴嘴，以及像探照燈的光療儀。我還設計出一種類似MRI核磁共振的儀器，只不過它是全身掃描的光療機，我會讓環形的光照儀停留在特定部位，想像光穿透皮膚直達器官及組織，只要看過科幻電影應該不難想像這些畫面。以上都是在閉上眼睛或白日夢模式下完成，我請學員多練習設計自己的醫療設備，抄襲別人的想法就不是創造實相了，效果絕對大打折扣。

以上「專屬療癒室」的功能是身體的修復，我另外在畫面的右半部分開闢了**「專屬心靈療癒空間」，目的是希望受測者經過生理修復後，進而更深入地做心靈上的療癒，因爲大多數疾病及機能退化都跟壓力有關。**

「專屬心靈療癒空間」的創建依個人喜好，這是個最能放鬆獨處的祕密天地，可以是私人小花園、叢林的隱密草地、幽靜的潭水、森林小瀑布……打造完這個小天地後，我會請左邊療癒完的人走進這個空間，想像他在場景中放鬆愉悅，享受著溫暖陽光或清澈的流水，或躺或坐優遊其中。這個空間的靈感來自核心練習第二階段「心理放鬆」的場景投射，對於練習過核心練習的人來說，創造這個療癒空間一定得心應手。平時在做自我療癒時，很快地將自己投射到這兩個空間，一旦熟悉了療癒場景及設備，畫面會越來越清晰與穩定，得到的效果也會越來越好。在平行宇宙的不同次元，這兩個空間爲創建者所專有，就像新房子一樣要經常使用與維護，累了或不舒服的時候，下意識就將自己投射進來，在這裡修復、充電並獲得身心完全療癒。

療癒的信念

在我的學員中，不少人希望成爲療癒師，或已經是在職的療癒工作者。與他們詳談後，我發現他們都在尋找一種學習方式，希望開啓自身的療癒潛能。這些人學過不同派別的理論及技術，有的人拿到不少國際證照，但還是對自己的能力缺乏信心。聖經中有關於耶穌治病的故事：羅馬一個百夫長的僕人生病，怎麼醫都醫不好，於是叫人請耶穌來幫忙。耶穌第一句話先問百夫長，他相不相信耶穌有能力幫助他，百夫長相信耶穌並且希望以自己爲媒介，以遠距的方式來爲僕人進行療癒。這個故事說明一件事，**建立與被治療者的信任關係很重要，但自我肯定的信心更重要，因爲對方會接收到你的意念，來判斷是否對療癒者有信心**。個人的信念也決定療癒是否恰當，西瓦終生以「全人療癒師」自詡，並經常不爲自己利益、以服務他人而進行靈療。在開始前他會問病人：「你眞的希望把病治好嗎？」「你爲什麼想要痊癒？」如果對方回答希望成爲更好的人、爲更多人服務，西瓦先生會毫不猶豫進行療癒；如果只是爲了個人利益與目標，西瓦會重新灌輸正確的觀念給對方，對方接受之後才會進行療程。

療癒看似簡單，但不信任自我的天賦潛能，不了解人類爲整體的概念，眞正的療癒就很難發生。你只要相信自己的心靈感官，雖還未參加任何西瓦官方課程，仍可參考本書中所提到的療癒技巧，一樣可以自己創造專屬的療癒室。我的學員中有人以西瓦ESP的系統爲基礎，再搭配其他所學技巧，便已經獲得很好的成效，並開始爲修復他人健康而服務。有名學員把所學應用在工作中，在自己的推拿工作室獲得很好的成效。開始前她使用人體透視掃描客戶身體狀況，再針對問題的反射區進行推拿，有些客戶長年無解的疑難雜症，經過她的調理改善許多。類似的案例不勝枚舉，有些療癒師把所學結合催眠療程，獲得更強大明顯的成果。

打開個人超心靈感官ESP能力後，只要透過調頻進入α核心層級，療癒的靈感將源源不絕，這就是進入潛意識層級的不同。在顯意識層面的療癒有如隔靴搔癢，徒流於表面工夫，這也是練功要從內功練起的道理。

第四章

迎接未來新世界

改變身體的振動頻率

你會發現身邊總有一些人很少生病，我一直好奇這些人如何維持身體健康，西瓦先生就是這類人之一，他認爲有健康的身體才能執行我們被派來地球的任務。回顧這個世上，長壽者還不少，經過歸納，這些人都有一些共通點：他們多半很早就知道自己的使命，而且到年老時還保有清醒的大腦；除了飲食與生活作息之外，根據研究，這與使用大腦的方式及心智的協調度有很大的關係。

成功的人及天才運用大腦的方式與常人不同，這些天生贏家如何維持健康的身心始終是個謎。健康長壽的人不一定都是擁有財富之人，許多事業成功及具有天賦的人都無法維持健康，終其一生的努力最後換來衰敗的身體，人生成功的定義看來不能以物質來衡量。這些長壽的智者有些與衆不同之處，他們身上有一股吸引人的特質，謙虛、和善與平靜，總是留給人深刻的印象。這些人對他人的貢獻超過自己所得，身上散發出來的頻率能影響衆人。

哈佛的幸福研究①：親密的人際關係

哈佛大學成人發展研究所（Harvard Study of Adult Development）曾做過長達八十年的追蹤研究，從一九三八年開始追蹤兩百多名大學二年級學生（研究對象至今多半已過世）的健康狀況，其中包括美國前總統約翰・甘迺迪（John F. Kennedy），最近發表了令人驚奇的幸福長壽祕訣。研究結果顯示，親密的人際關係使人終生快樂並能延緩衰老，比社會階層、智商、基因更能預測人類的長壽幸福，而幸福美滿的婚姻對心理健康有保護作用。

我工作坊中的許多學員爲了健康與家庭關係而來。在感情關係上，許多學員遇上了問題，我發現他們想走出困境，也多少意識到部分原因在自己身上；同時我也發現這些人較不開心、較難專注，身上也少了自信。在課程的開始，大家的互動比較冷漠，經過團體的分組練習後，教室氣氛明顯發生改變，從原來的冷清變成熱烈討論。在不同的分組練習中，學員分別扮演導引者、探測者與記錄者，其中導引者是最難的部分，要在團體進入潛意識情況下進行導引，需要足夠的心靈能量才行。人際關係的本質就是能量及頻率的互動，其關鍵是調整自己的頻率來連結對方，而非自以爲是地改變對方的頻率。大部分的家庭或婚姻關係溝通不良，都是因爲希望改變對方並接受自己的想法。

哈佛的幸福研究②：全腦運作，不斷學習

哈佛研究中還有一項令人不意外的結果：接受更多的教育會帶來更好的生活習慣與健康。不斷學習的確是延緩老化最好的方法，但我強調的是必須「全腦學習」。我們在學校及職場的學習都偏向左腦，強調記憶、邏輯與分析，過度使用左腦忽略右腦，會帶來身體上的負荷與災難，人類也已很清楚看到社會文明與集體意識的退化，我們可以想像一個缺乏創造力的世界會逐漸走向衰敗，更不用說一個死板僵化的大腦能毀掉美好人生。幸運的是，許多學員對右腦靈性學習感興趣，除了上課之外，我建議他們大量閱讀相關資料，隨時抱著好奇與懷疑的心態來面對知識。靈性的知識將是未來的科學新知，許多書籍是西方科學家與靈性工作者的智慧結晶，閱讀當下能連結到更高的頻率；或者多閱讀成功人士的自傳，透過文字與作者連結，藉此調整自身的振動頻率。

哈佛的幸福研究③：父母的頻率與兒時的經歷

還有一件重要的事與幸福長壽有關，哈佛研究指出：兒時的經歷會影響成年發展。哈佛菁英畢業後的成功關鍵，在於兒時得到多少母愛，而非父母的社會階層。反觀現在家長擠破頭把孩子送往明星學校，下課後還要到知名補習班報到，這些現象在西方社會被認為不可思議。西方人比我們想像的還要重視家庭生活，他們寧願多花時間在孩子身上。哈佛的資優生從小受到良好的家庭教育，沒有人是透過補習進哈佛的；就算進入高等學院就讀，缺乏家庭溫暖的學生將來成就遠不如其他畢業生，這個現象也反映在健康層面。這個研究證明，眞正影響孩子未來的是父母的頻率。我所觀察到的現象顯示，西方人很少打罵孩子，從小任何事都詢問孩子意見，鼓勵孩子發揮個人特質與想像力，他們跟孩子的互動仰賴心靈感應。西瓦的心靈訓練系統推廣數十年，廣泛運用在西方教育領域，取得了豐碩的成果，許多父母及學校老師學習心靈溝通的技巧，並以身作則改變自己的思維模式，調整自身為耐心、開放與積極的頻率；更重要的，他們都相信心靈創造的龐大潛能。

我的工作坊中有大半學員身爲母親，課程結束後我會個別與她們訪談。有位母親表示跟青少年時期的孩子溝通困難，她希望了解與孩子前世的關係。透過潛意識的搜尋後，我找到某一世他們爲姊妹關係，這世的兒子在那世身爲姊姊。這位母親恍然大悟，因爲她的兒子不怎麼聽她的，那世身爲姊姊的兒子較爲負面，也導致這世母子的溝通困難。因此我建議她改變溝通模式，以朋友角度來傾聽，而非擔任一個說服的母親，並請她多用三場景來設定，在兒子睡著後進入潛意識對他說話。

一名曾在心靈工作坊當助理的母親來參加課程，她因爲有了孩子，便辭掉工作成爲全職媽媽。那天她帶著剛上小學的女兒來參加調頻練習，她告訴我希望孩子從小接觸這方面的訓練，因爲孩子的年紀正處於過動時期，經常難以約束女兒的行爲，讓新手母親有點吃不消。小女孩陪同聽了一個多小時講解，並完成近二十五分鐘的核心練習，安靜地參與了完整過程，這是從來沒有過的現象。下課回家後，孩子告訴媽媽非常喜歡調頻的過程。這時期孩子的腦波較常處於低頻的 α 及 θ 波，很容易就能進入深層放鬆的核心層級，藉由大人的陪伴，母子腦波共振到和諧一致的頻率，能夠靜下來的孩子自然也容易發展心智能力。

找到調頻的方法，對焦到想要的頻率

健康長壽的祕訣之一是人際關係，這是關於都會菁英分子的研究。另一類人離群索居，生活在偏遠郊區及山野之間，缺乏人際交流活動，一樣保持健康長壽與快樂。這些人不乏所謂的修練者，有些人減少飲食並長期定時靜心，藉由降低腦波來進入潛意識，靠心靈的力量來改變振動頻率，使得身體能量更加輕盈與乾淨。我要求學員持續三個月不間斷調頻靜心，目的就是打下基礎並培養成一種習慣，而習慣會逐漸演變成身體的反射機制。如果你學的靜坐或靜心很難轉化為身體的自然機制，那就難以堅持下去，身體也不會有多大改變。

工作坊的學員學習過各種靜坐方式，大部分人無法堅持不外以下原因：太複雜、容易睡著、沒什麼感覺，都是無法融入身體機制的結果。要改變身體頻率並非一蹴可幾，藉由科學驗證過的方法與步驟，完全放鬆身心後降低腦波，學習停留在 α 波的核心頻率，這時右腦掌控心靈的機制逐漸開啓，將潛意識轉化為可感知的內在意識，生命的改變才眞正開始。

之前我們提到身體有「靈魂模具」，身體的系統、器官到細胞層級都有個原型（Prototype），肉眼看不到的原型以能量方式存在，我稱之爲「能量模具」，改變並重新塑造這個模具，就能改變身體的狀態。以微觀的角度而言，形成物質的粒子以特定形式聚合成形體，這個聚合的能量也是形成我們的本質「光」，它是純粹的振動頻率，而健康、幸福與快樂也是頻率，找到調頻的方法就能對焦到想要的頻率。

人類封閉許久的調頻能力已逐漸被開啓，知識與方法都已在本書公開，你知道你不僅是一具軀體，你是在物質表象之下的那股力量，和諧振動的純淨能量。改變就從今天開始，從探觸你的內在出發。

從療癒找到人生鑰匙

現在你已知道療癒發生在各個層面，潛意識會以各種形式來提醒人們，直到某天我們必須正視它的聲音。其中牽涉因果業力法則的運作，能量層級的不平衡最終會浮上檯面，顯現在物質層面的健康及生活上。

許多人跟我一樣藉由身體的失衡察覺到了問題。現在的醫學發展還無法突破能量失衡的問題，許多莫名的慢性失衡症狀都被冠以自律神經失調，或者顯現在三高的數字表象。處理症狀的手法採用抑制或干擾內在已失衡的系統，這樣的方式導致人們忽略尋找問題的本源。近年經過西方的大量研究，整合性的療癒方式獲得許多專業醫師推薦，自然整合療法也普遍被接納與重視。研究顯示大部分人缺少關鍵維生素，某些維生素及礦物質在人體自癒系統扮演關鍵角色。除了補充這些元素外，許多西方醫學專家都推薦心靈的鍛鍊，他們依據這些研究治癒了許多不治之症，也致力於心靈活動並融入生活之中。

大腦vs.人類自癒系統

許多這方面的佼佼者都有相關著作，像是馬克．希曼（Mark Hyman）、狄帕克．喬布拉（Deepak Chopra）、布萊利．尼爾森（Bradley Nelson）、亞歷山大．洛伊德（Alexander Loyd）、班．強生（Ben Johnson）、喬．迪斯本札（Joe Dispenza）、道森．丘吉（Dawson Church）。當中多本著作對人類大腦及神經系統多有研究，這些專家的資料引導我的注意力到大腦。諸多資料顯示大腦的特殊區塊與心靈能力有關，特別是啓動人類自癒系統的機制。

大腦是身體的指揮中樞，腦與神經系統協同作用，形成通訊網絡，現代醫學對這個複雜系統的運作所知甚少。通過這個系統傳輸的電流、電磁波被送到全身細胞，它是個雙向傳輸系統，不僅傳送，也接收訊號。這個傳輸網絡連結地球、銀河系的電磁場，透過大腦運作，可進入潛意識下載宇宙訊息，包括療癒的知識與能量，這是許多能量療法被開發出來的根源。對於人類身體與宇宙連結的知識，我們還停留在幼稚園的階段，但是諸多現象顯示，人類已進入轉化與提升的週期，許多隱藏的知識將被揭示，心靈的強大潛能將被開啓。

療癒知識的傳輸透過許多管道，西瓦就是其中之一。療癒發生在身體，也發生在心靈層面。數十年前，許多人爲了解決自身問題，接觸到西瓦開發的心靈學習系統，有些人打開心靈能力後翻轉人生，不少人成爲暢銷心靈作家；有的醫生則獲得靈感，開發出新的醫療方法。因此，療癒是個覺醒與轉換的過程，也是藉由問題尋找眞相之旅，西瓦認爲：「使用直覺探測訊息是爲了發現問題，找到解決之道，改善我們的生活環境，使這個星球成爲更美好的地方。」這個「直覺」

是每個人未經開發的心靈感官，是潛意識發出的重要訊息，也是找到療癒的關鍵鑰匙。發現身心不適的表徵時，其實是潛意識送出的警訊，當下的覺知或許能引領我們找到更底層的問題。對大部分人來說，漫長的覺醒與學習才正要開始，如果能提早接觸療癒相關知識，學習能融入身體運作機制的方法，持之以恆轉化為習慣，身心療癒的時間將大幅縮短，受困情緒及因果業力造成的傷害也會降到最低。

所有的健康訊息都與腦相關。身體長期經由左腦控制，錯誤及過度的使用已經造成無法回復的損害。換句話說，我們的思維限制了身體機制，當處於 β 波，不管是戰或逃的機制，身體都承受很大的壓力，更多憂慮或擔心的思維都出自恐懼，這些負面能量會侵蝕身體系統，有意識的細胞接收到與療癒相反的訊息，不是逃跑就是自我毀滅。為了解除恐懼的訊號，大腦需要轉換成另一套運作模式。當調頻為 α 波的右腦模式，左腦不再控制身體與思想，壓力及恐懼將被解除，這也是為什麼在「核心練習」的身體放鬆階段，最後會強調「你的身體不屬於你」。過程中把注意力放在身體不同部位，目的是阻斷左腦的思維，讓身體脫離小我的控制，把掌控權讓出來給右腦。

學會身心放鬆調頻有很多好處，這是療癒開始的第一步。學習過的人都明顯感覺到前後差異：呼吸較深沉、心律變穩定、身體痠痛改善、疲勞感消失、感覺更有活力。當壓力與負面能量被移除，身心便會開啓自動修復機制。

心靈感官啓動療癒、預防及檢測

在官方課程的畢業學員中，有許多親身實證的療癒案例。秋香是我的線上家教課學生，原本希望治療女兒的憂鬱問題，後經了解才知道，她的兩個女兒都有天生超心靈能力，能夠感應到一般人無法感應的事物。秋香本身也有睡眠障礙及高血糖問題，但她不知道自己也具有靈敏的透視能力。在課程中，我要秋香蒐集親友的健康案例，十個案例中有高達近九成的命中率。她發現鄰居先生過重造成的左膝蓋裂縫，經事後查證，這位中年男性之前摔斷過腿，位置就在左膝蓋。在另一案例中，她發現一個愛吃炸雞的青少年，膽固醇高之外還有顆黑色的肝臟，同時有一個容量很大的肺；經過查核後，那個胖男孩是學校樂隊的喇叭手，家族有C型肝炎的遺傳病史。另外一個案例，我們共同透視一位憔悴的中年婦人，除了眼睛很紅之外，我們都感應到她眼部的瘦脹，也發現她的胃裡面沒有任何東西；經過當下打電話求證，這位婦人因剛失去兒子不久，每天傷心流淚，而且好幾天吃不下東西，於是她按照我教導的方式爲這位母親療癒。隔幾天，這位母親傳來好轉消息，並表示這幾天聞到花香，原來秋香在療癒時創建了一座花房。三週六次的課程結束前，秋香告訴我，她的睡眠問題獲得很大改善，也正努力解決自己及家人的健康問題。

許多人對成爲療癒師有興趣，但我認爲不需要成爲所謂的「療癒師」，因爲每個人都有這項本能，學習技巧後應用在生活中，唯有實際操作才會學到更多。美瀅是一個很認眞的學員，也上過很多的心靈課程，課程結束後我對她進行訪談，才知道她的工作是針灸及經絡按摩師。她一直希望整合其他療癒知識，開發出一套新療法，我希望她能把西瓦技術應用在工作中。她有一位年過七十、長期調理的女性個案，左小腿上的皮膚癌經過手術治療後半年傷口仍未癒合，疼痛的感覺更頻繁和明顯；複診後，醫生認爲傷口仍有癌細胞，建議再開一次刀，但個案不想再承擔開刀風險。

美瀅採用「人體透視」來看傷口內部狀況，發現皮膚下底層有紅色及白色液體，顯示沒有癒合的傷口正在發炎，難怪傷口外已結痂卻仍隱隱作痛。她用在課堂學到的光療方式進一步療癒，一週後再進入透視層級來觀察，發現內部組織已乾燥，但微血管還未完全生長，她立刻想像疏通並銜接血管的影像。隔週再見到個案時，傷口疼痛的狀況減輕許多，之後再度到醫院做切片檢查，醫生表示沒有做切片檢查的必要了。美瀅平時在睡前有按摩腹部的習慣，她感覺長期以來結腸部位好像有小硬塊，便試著使用透視技巧，在體內看到結腸有打結的情況；透過光療技巧處理後，腫塊的部位馬上變柔軟。她強調她的手感很敏銳，處理後按摩的感覺差很多。

讓療癒發生的是當事人，而不是醫生、藥物或療法

心靈感官除了幫助啓動療癒，也是預防及檢測的機制。在「人體透視」及「健康案例」練習中，你學到了如何偵測人體健康資訊，也知道透過視覺創造來做療癒，更可以在生活中自我保健並幫助他人。

在我的工作坊中，經常有學員身體不舒服，但都希望好轉，而打消請假的念

頭。好幾次學員應用上課學到的技巧，讓喉嚨痛、拉肚子等症狀減輕，如願完成了官方完整課程。

在整合醫學還未完善之前，西方醫學與心靈療癒雙管齊下，仍然可以達到很好的效果。有一點很重要，創造療癒發生的是當事人，而不是醫生、藥物或各種療法，心靈創造力才是療癒的源頭。藉由想像與視覺化改變能量模具，在物質層面顯化出健康的版本，同樣的模式可運用在人生各個面向。經由內在的調頻，我們找到問題根源，修正一切失衡與不正常，創造出一個充滿健康活力與積極正向的自我。

重新設定生命程式碼

如果你像我一樣想知道成功人生的祕密，爲什麼有些人似乎擁有所有的運氣，而其他人卻擁有困難、失望和失敗？縱觀歷史，許多超級成功的人生活起初都很艱難，生於貧困，沒有受過正規教育，有些甚至有嚴重的身體障礙。然而，他們的優勢在於知道如何運用自己的心智。所有事情都起源於心智，在採取行動前必須思考清楚，所以我們常說：「心智引導大腦，大腦指揮身體。」

西瓦透過自己的人生領悟，經過長期的科學研究與驗證，開發出三場景心靈影像技巧，在心智層面上將成功視覺化，所以能在物質世界輕易顯化出來。在人生的奮鬥路上，我們經常看到泡沫化或者大好機會被錯失，大部分人遭遇困難、挫折而停滯，有些人的成功就特別幸運。這無關教育也無關人脈或運氣，成功者天生具備異於常人的大腦運作模式，這些人都知道處於 α 波思考的好處。α 波是大腦最核心，也是最穩定的頻率，進入核心練習時可以得到很多資訊，同時使用邏輯的左腦及創造的右腦。大多數人只使用左腦，就好像只有一隻腳，同時使用兩隻腳當然就快多了。當你同時使用兩邊的腦，你會發現戲劇性的改變。

在工作坊的課程結束後，我會與每位學員單獨面談，除了了解他們的學習盲點，也希望了解每個人的背景。我不意外地發現，大部分人在生活或工作都遇到了挫折與障礙，不外乎婚姻觸礁、工作瓶頸、找不到人生方向及伴侶等。幸運的是，他們都希望透過學習，找到一個可驗證的有效方法。

勤加練習和應用，才會有突破與轉變

在最後一節課結束前，我會要求學員提交學習心得，最後只有半數的人提交。經過訪談後我發現，不少人在課程結束後一段時間就中斷練習，當然也疏於在日常生活中使用「三場景」。這個現象在當今社會相當普遍，大多數人的學習只停留在左腦的理解，缺乏行動與實踐的精神，其中某類族群只相信左腦感官，潛意識裡壓根不信任右腦的創造性。這類人的心智運作被左腦綁架，他們不理解今日的困境完全來自左腦過往經驗的累積。

之前提到我們腦海中播放的「主旋律」，來自於左腦經驗所控制的程式，小我出於自我保護而排斥陌生的挑戰，想要改變這個運作模式，只有重寫新程式覆蓋舊有程式。在過去學員的學習經歷中，我做了一個粗略統計：天生心智敏銳，在學習時充滿興趣、課後勤於練習並能運用在生活中，這類人占上課人數不到一五％，而他們的人生道路已經有了重大突破與轉變。

我們都知道「知易行難」。在同期工作坊中，兩位年齡相近的男學員都想換工作，小陳是貨物配送司機，小林是食品化學研究員。課程結束半年後，我對兩位學員進行電話訪談，發現小陳還在原來的公司擔任司機，而小林已經成功轉換到夢想的工作，他一直很想從事食品研發。爲什麼經過同樣學習，卻產生不同的結果呢？原來小陳在課程結束後只做了調頻，「三場景」的技巧幾乎沒有演練，沒運用技巧的原因是心裡有障礙，他很難相信看不到、無法測量的東西。在訪談中，他仍在抱怨同事的惡劣作爲，雖然設定過這位同事離職，老闆也有這個意思，但現況沒有任何改變。我建議他要認眞設定更好的職位，我一開始就認爲他不該安於現在的工作。小林則透過「三場景」的設定找到頗有名氣的食品公司，現在正在開發觀光農場的巧克力食品。他告訴我透過「三場景」的第二場景，得到修正產品配方的許多靈感，我建議他進一步做未來設定，設定自己能夠擔當新品牌的管理角色，畢竟工作是一時的，增加自我價値才是永久之計。從這兩個案例，我們很清楚看到差異：採取行動，透過實際經驗來驗證，才是眞正心靈上的學習與成長。

設定全新的生活方式

當你熟悉並經常使用心靈技巧，逐漸掌握自己的工作並取得進展，開始產生信心之餘，也會想幫助身邊的人。小鄔是一個嬌小且心靈敏銳的學員，還是同期最年輕的學員，她剛進入一家外商網路購物平台，之前沒有相關產業經驗，一直想突破現在工作的瓶頸。有天她突發奇想，希望在部門發展直播，因為之前的領域接觸過這類工作。於是上完課後，她按照我的方式進行設定；巧的是，不久後公司高層宣布要發展直播，這是之前從來沒有過的創舉。她在專案會議中大膽地自告奮勇，願意擔任直播現場的主持人。目前她相當獲得部門重視並加了薪，這一切在一個月間發生，雖然忙碌，但她非常喜歡現在的工作。

當我與小鄔討論設定的成功祕訣時，她告訴我在關鍵的第三個場景中，她看到直播現場的導播、場控及工作人員開心的表情，直播舞台的場景更是歷歷在目。成功的祕訣正是場景中鮮活的細節，以及每天至少回顧一次最後場景。

在第一次訪談中，小鄔提到她有個表姊經濟情況不好，希望能夠幫助她。原本設定的第二場景中，她看到表姊到公司學習經營電商賣場，第三場景則看到存摺的數字增加；經過我提議修正後，變更為看到表姊在直播時充滿自信的樣子。三個月後奇蹟發生了，沒有工作的表姊有了兩份收入，一是在網路平台經營賣場，賣自己之前囤積的貨物（爲了平復憂鬱而瘋狂購物），每日營業額超過許多資深賣家，另一個工作是兼職賣麵包。

表姊的轉變讓小鄖驚奇又興奮，於是在第二次訪談中，希望我也能幫她替另一個朋友設定，目標是朋友也能轉換跑道，到自己現在的公司上班——前提是，這位朋友也熱切期盼。於是我們共同討論關鍵的第二及第三場景：她原本設定第二場景在會議室外，看到朋友跟主管在面談，經過我的建議，場景改爲她陪同朋友一起在會議室面談；第三場景則看到朋友佩戴識別證，一起參加部門的迎新餐會，小鄖、朋友和同事們臉上都展現興奮的笑容。最後我請她邀請這位朋友，每天定時一起回顧畫面。請記住，編寫新的程式需要強烈的情感，身歷其境的現場感來自於場景中的細節，重複回顧、聚焦，直到現實層面產生變化。

透過以上眞人眞事的案例，你應該開始相信看不見的心靈潛能，對生命也該抱有正確的期待與熱情，並且開始設定全新的生活方式。**西瓦對成功的人生做了簡單的詮釋：「保持健康、解決問題並修正所有的不正常，留下一個更好的世界給後人。」**這是每個人在重新設定人生時所要遵循的。解決的問題越多，面對更大的問題就能迎刃而解，透過幫助別人解決問題，逐漸增加解決自身問題的能力。當你的目標是爲眾人服務，你所做的設定將會快速達成，貴人與資源都會分派到你身上，正如小鄔所做的一樣，不僅爲了個人，整個部門及跨國公司都受益。如果你的心智一直局限在小我，物質層面顯現的將是你的困境，深陷於自怨自艾的旋律仍不自知，孤獨地浮沉在左腦塑造的惡性循環中。唯一的解藥是心靈的覺醒，並勇敢地創造另一個更好的版本。

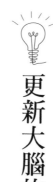

更新大腦的操作系統

我在工作坊課程中的第一節課，會準備幻燈片來詮釋枯燥的理論，當播放到一個有許多頭像的幻燈片時，我會讓大家猜猜這些照片是哪個名人。左上的賈伯斯、中上的愛因斯坦、右下的梵谷，這些名人大家都猜得出來；左下的華德·迪士尼、中下的荷西·西瓦、右上的李察·巴哈，則比較少人認出來。接著我會問，他們的共通點、與常人的不同之處是什麼？一陣猜測中，有些答案浮出水面，我的答案是他們運用大腦的方式不同。怎麼不同？他們經常進入沉思（右腦

α波），思考的時候都看得到畫面（右腦感官），有很強的視覺化能力（右腦創造），對未來都有遠見，其中不少人有長期靜心的習慣（降低腦波）。

賈伯斯與華德．迪士尼都有驚人的視覺想像力，才能無中生有創造龐大商業帝國。愛因斯坦及梵谷經由腦海中的畫面，創造出物理公式及獨特的畫風。荷西．西瓦研究這些天才的祕密，發展成一套學習系統並公諸於世。李察．巴哈則受惠於這套心靈系統，從窮困潦倒搖身變成暢銷作家，寫出了不朽的《天地一沙鷗》，他所做的只是把腦海中的影像寫出來而已。

探索別人的大腦經驗爲己所用

心靈訓練系統實際上是大腦操作模式，心靈與右腦的運作有著密切的關聯，鍛鍊右腦同步開啓心靈感官，左右腦的協同運作也能恢復正常。上個世紀科學家爲了研究精神疾病，透過手術把左右腦的連結切斷，才意外發現左腦負責物理感官，右腦管控心靈感官。左右腦分別以不同的角度來面對問題，左腦的運作是邏輯、次序、理性、分析、客觀與微觀的，右腦是隨機、直覺、整體、融合、主觀與巨觀的；左腦負責數字、理化方面的記憶演算及邏輯分析，右腦掌管視覺、音樂藝術的創造與語言溝通。你的左半腦利用生理感官——視覺、聽覺、嗅覺、味覺跟觸覺，你的右半腦則使用主觀的感官，也就是你的心智。利用心智去探測資訊時，是遠超乎物理感官可及的。西瓦先生曾說：「我們知道人類大腦不管處於 β 或 α 波，都可以探測訊息，在 α 層級你可以靠大腦細胞探測資訊，藉由神經網絡接收訊息，以上都是主觀的溝通方式。如果你能夠偵測別人腦中的訊息，那麼你就可以使用那個資訊或經驗，就如同自己大腦的想法一樣，你就不必受限於自己大腦的經驗，**因爲你可以在 α 或 θ 層級，探索別人的大腦經驗爲自己所用，而不只是在 β 層級看書汲取資料而已。光靠在 α 層級的資料還不夠，重點是如何使用蒐集到的資料。**」

成功人士使用「α 思考」的祕密

大家熟知的某類催眠療法，其原理是進入 α 或 θ 腦波層級，喚起潛意識記憶庫的資料，以回顧畫面的方式來釋放受困情緒。催眠師在 β 及 α 層級同時蒐集對方的資料，用來引導被催眠者回溯過程。我有個學員念慈是職業催眠師，同時也是催眠教學老師，在三場景練習中希望能夠瘦下來。在學時她曾經是三鐵選手，自從生完小孩後就維持豐腴的體態。她的第一個場景是照鏡子，看到自己不滿意的身材，第二個場景是爬樓梯運動，第三個場景是看到自己在伸展台，穿著美麗合身的衣服。課程結束三個月後我對她進行訪談，她興奮地告訴我三個月瘦了七公斤，但她還是不滿足，認爲應再瘦七公斤，身材才標準。她覺得自己的設定好像哪裡出了問題，我馬上進入 α 層級搜索原因，發現她的設定缺乏足夠動機，導致她缺乏動力繼續再瘦下去。於是我幫她重新設定：第一場景在買衣服試穿，第二場景穿著緊身運動衣在山區跑步，第三場景她穿著全白合身的衣服，在講台教授催眠證照課。之所以這麼設定，來自於我接收到的訊息：她不是一個過度重視外表的人，一個端莊美麗的催眠老師才是她內心期盼的。接下來我希望她以新的設定，全神貫注試一個月後再來檢視成果。

在課程中我會保留足夠的時間給學員練習，以便發現他們的盲點與錯誤。我發現大多數人仍停留在左腦的世界，創造出來的場景跟原本的生活並無差別，無中生有的想像對他們來說很不容易，因此設定的目標想當然難以達成。我有位線上家教學員喬治學習了十年的心靈課程，對於調頻及視覺化並不陌生，練習時他問我能否設定把房子賣掉。他在曼谷投資一間地段很好的高級住宅，離百貨公司及地鐵很近，但是賣了快兩年還是無法脫手。我立刻請他構思三個場景，他的第一個場景是環顧房子的現狀，第二個場景是仲介帶客戶看房子，客戶露出滿意的表情，第三個場景是成交後與家人慶祝的情景。我當下感覺他似乎缺少了熱情與信心，於是希望他在第二個場景中，具體想像在場人員的模樣，客戶及仲介的長相及打扮都要很清晰；在第三個場景中則想像參與的人都受益，於是結尾的場面改成夫妻倆、仲介及客戶，四個人舉紅酒杯慶祝，客戶流露幸福的笑容，仲介對自己的工作回報很滿足，夫妻倆對這筆交易也很滿意。結果一個月之內，房子如願地賣掉了，成交價高過設定的底價。當初交給八組仲介來銷售，賣出的仲介就是在第二、三場景中設定的人，買家跟場景中的人還有幾分相似。事後我們討論整個過程，喬治非常篤定這一切不是巧合，他經常在調頻時練習影像化，認爲透過右腦視覺化的設定的確能顯化物質。

學習右腦「α思考」有很多好處。α波是大腦頻譜的中心，當你在核心層級時，可以獲得儲存在大腦中的更多信息，可以使用特定技巧進行更強大的設定，修正問題並爲自己重新設定以獲得成功，還可以學習使用創造性、直觀的右腦來投射心智，並從遠處獲取信息。使用右腦從遠處進行投射來影響人們的思考，卻不用說一句話，喬治的案例就是最好的說明。人在台北的他經過一個月的「遙控」，除了在β層面做該有的電話聯絡，他在α層級上利用心智，掌握遠在曼谷發生的一切。當處於核心時，你會更幸運、更成功，因爲你不容易出錯，大部分是對的；你更可以經常使用心智來幫助自己、親人及任何需要幫助的人。許多案例顯示，幫別人設定更容易成功。許多人幫親友設定戒酒戒菸，幫助生病的家人設定快速恢復健康，還有學員幫家人設定運動比賽，結果拿到了平生第一次的冠軍。

左右腦協同運作能突破個人限制，創造許多意外的可能。左腦就像是籃球場上稱職的助攻，傳遞關鍵的一球給右腦灌籃得分；主觀的右腦需要客觀的左腦協助，在探測資訊時建立「主觀參考點」。還記得我們做的住家遙視練習？還有金屬、植物及水果的探測？如果缺乏左腦儲存的客觀經驗，就很難建立右腦的主觀訊息，買賣房子等生活事務也是同樣情況。過去在左腦世界中，生活的歷練是寶貴的「客觀參考點」，失敗只是累積足夠的參考資訊，想要成功就得學會把球拋出去，讓右腦來主攻。不受左腦束縛的右腦才能充分發揮，同時又能有效利用左腦的寶貴經驗，這就是成功人士使用「α思考」的祕密。

在α層級中有了想法，接下來要立刻切換到β模式，讓左腦來負責物質層面的運作；也可以說右腦是策畫者，左腦是計畫執行者，右腦是程式設計師，左腦則是運行程式的電腦。兩套大腦運作系統的人生才是彩色的，過去缺乏右腦的生活是黑白的，現在你已經學會雙系統的運作，趕緊在生活中實踐吧。

建立與高層智慧的連結

你是否像我一樣想過，我爲什麼來這裡？我的生活有意義嗎？我透過不斷對人生提問，並向許多智者先知學習，從他們的智慧中窺得一些答案。西瓦先生在冥想時得到答案：「我們被送來是爲了修正問題，完成這個星球上的創造，轉化地球成爲人間天堂。」這個答案背後是深層且巨觀的思維。西瓦先生認爲我們不該只是人類而已，應該屬於更偉大的一部分；我們是不同生命智慧層級的一部分，要向更高的智慧層級回報工作。人類就像一個團隊，生活就像一個團隊活動，有些人比其他人擁有更多的才華，有些人比其他人獲得更多的認可及回報，但最終作爲一個團隊，我們一起贏或輸。西瓦先生意識到我們不僅是人類的一部分，更是智慧階層重要的一部分，他稱之爲「更高的智慧」。或許你曾在宗教及心靈書籍接收過相似訊息，但從來沒有人能像西瓦解釋得如此透澈，**他認爲我們是宇宙整體智慧的一部分，這個智慧體運作的原則是「整體大於個人」**。

從近代文明快速發展，我們看到其軌跡，「集體意識」「公民權」等概念即是整體大於個人的延伸。至於我們爲何被派到地球？西瓦提供了一個常理推斷，他認爲：「單一個體無法照顧宇宙所有事務，上帝要我們在地球上負責做些事情。如果上帝能處理一些問題，我們根本不需要出現在此。」他舉生活常發生的細節當例子，當你要買部車，你不會找汽車製造商，你會去找經銷商；如果汽車發生問題，你會去找經銷商附屬的維修廠，如果解決不了問題才會找他們的上層。政府的運作系統也是如此建立的，如果路燈壞了你不會找市長，你會找相關管理部門。西瓦先生認爲，我們的運作系統是宇宙運作層級的翻版。他進一步解釋這個宇宙分層管理系統：高層智慧分派不同階級來管理不同銀河系，就像我們被分派到地球一樣，這些智慧階層有些高、有些低，有時候他用大天使與不同階級的天使來比喻，最高階的數量最少，被指派到需求比較少的地方，這可能就是我們所說的上帝。但上帝不可能同時照顧到我們每一個人，我們的良心就是單獨個體的上帝，告訴我們哪些該做、哪些不該做。

從三場景到心靈影片的躍進

在日常生活中，你可以使用「三場景」來獲得想要的事物，但對於更高層面的人生使命，則須運用西瓦從人生領悟出的「心靈影片」技術。這不是一種用來獲得你想要的東西的技術，而是藉由從高層智慧得到指導和幫助，讓你實現夢想的技術，用來修正問題並減輕地球上的痛苦，使它成為一個更美好的地方。過去許多學員不知道「心靈影片」該如何使用，因爲大部分的生活問題透過「三場景」就可解決。我們對「幫助上帝在地球上進行創造」這件事似乎著墨太少，缺乏使命的人生導致我們庸庸碌碌，多數人終其一生一事無成。如果你所要求的幫助能改善地球環境，並且造福衆人，那麼尋求幫助是非常容易的。

西瓦領悟出，上帝不是物質性的上帝，而是靈性的，所以上帝創造我們來照顧物質世界，經由我們來體驗。上帝以自己的形象創造了我們，等同於上帝也顯化在地球上，我們運用生理感官來了解地球上發生了什麼，然後用心靈影像把資料傳回「總部」，也就是另一邊（位在靈性時空）的高層智慧所在。他們透過一連串巧合來指引物質世界的我們，我們不用猜該怎麼做，只需要觀察高層智慧給我們的巧合暗示——西瓦先生解釋「巧合」就意味著上帝伸出祂的手。

「上帝之手」的領悟

如果站在梵蒂岡西斯汀禮拜教堂抬頭仰望穹頂，你會看到米開朗基羅的鉅作〈創造亞當〉（*The Creation of Adam*），畫面中上帝伸出右手觸碰亞當的左手。每當我看到這幅壁畫的場景都會陷入沉思，經過西瓦對「巧合」的解釋，我終於明白當時米開朗基羅對於「上帝之手」的領悟。

早期人類透過祈禱尋求上帝指引（拜拜也是祈禱的形式），而西瓦的「心靈影片」是一種以科學爲基礎，可靠且可驗證的祈禱方式，用它來處理最重要的問題，解決這個問題最終將幫助大多數人，並改善地球上的狀況。透過觀察生活中一連串巧合來獲得指引，如果不確定指引的含意，可以透過調腦波進入你的核心α層級進行分析。一旦你擁有了「心靈影片」的一些經驗，並且知道如何詮釋收到的「指引」，那麼就可以針對你的人生「需要」來做多個設定。

西瓦特別強調「需要」與「想要」的不同，舉一個簡單明瞭的例子：如果你想做個小生意，期望得到一百萬的創業金，你會獲得「需要」的資金，而不會得到超出需求的一千萬。若你的「想要」基於私人欲望，上帝就很難呼應這個要求，就算僥倖獲得也是曇花一現；若你的「需要」來自於對眾人的使命，上帝會立刻調集資源與貴人到你身邊。

宇宙無法呼應不確定的「需要」

有對年輕夫妻來上工作坊的課，這對感情不錯的夫婦應屬人生勝利組，丈夫工作有成，是公司高階主管，妻子持家之餘上了許多心靈成長課程，他們的遺憾是未有任何子女。課程中，他們希望為「想要孩子」這件事做設定，起初運用

「三場景」設定了數次，經過我的調整後也回家練習，但我始終覺得他們缺少了某種動機，在相當程度上感受到他們的無力感。現在回想起來，「擁有孩子」這件事不應僅是他們的「想要」，每個新生命的到來是個「任務」，孩子在投生之前與指導靈共同選擇適合的家庭，因此新生命的父母「需要」承接這項任務。這個需求出自於對孩子及其生命相關者的利益，而非僅是父母的私人欲望。我當下直覺建議他們回家以「心靈影片」的方式做設定。**許多人生的關卡並非私人的問題，其範疇應擴大到環境與社會的領域。我常建議學員使用「心靈影片」做設定時，必須把自己拉到更高的層次，以高我甚至上帝的角度來思考問題。**

許多人爲找尋人生伴侶而煩惱。工作坊的某期學員中，有位已經過了適婚年齡的女學員，希望靠「心靈影片」找到靈魂伴侶，她的原因是實在不知道如何是好，覺得靠自己設定缺乏信心。她長期在教會附屬的組織工作，透過上帝來獲得指引應該不是件難事，但在課程結束一段時間後的訪談中，她表示還是不知道該怎麼做。經過了解，我發現她在過程中經常有雜念，關於年紀與婚姻的負面雜音不斷干擾她，於是我幫她調整了兩段影片的內容，重點在於第二段影片中感覺擁有兩人生活的幸福畫面，並說服自己接受這理所當然的結果。同樣的，我感受到她的「想要」陷入無力的掙扎。宇宙無法呼應不確定的「需要」，如果你認為靈魂伴侶是人生的「需要」，高層智慧會考慮這兩個靈魂的任務，選擇最適合的環境與配對方式。但大部分的異性關係中，靈魂伴侶的人生使命往往不在考慮之中，因此大部分人獲得的是物質伴侶，而不是有共同使命的心靈伴侶。

因為集體需要，成功運用「心靈影片」的實例

另一位學員莫妮卡在視訊家教課程中，提出關於事業選擇的問題。

莫妮卡經營家族的雜貨貿易，在課程期間，海外的廠商提供一個機會，希望她在過年期間到當地的據點設臨時攤位。對方要求的出貨量相當大，租金也要自己承擔，她對於這個賺錢機會感到遲疑。同時，國內知名航空及飯店集團看中他們的產品，希望能夠與他們合作有機食品禮盒，並要求她短期內提案。

這兩件事都超出她過去的經驗與能力，於是我指導她為事業發展方向做設定，編輯完兩段「心靈影片」後馬上就寢，在睡著時把問題提交給「導師」。莫妮卡提到心靈影片中所看到的不安景象，她要前往的城市被灰色的霧所掩蓋；過

了兩個禮拜，爆發了震驚世界的新型冠狀病毒肺炎，不久之後，她所要前往設攤的城市進入封鎖。與此同時，她的有機食品生意有了好消息：對方對他們的提案非常滿意，現在有機禮盒正準備製作樣品。

有時候，「導師」會以意想不到的方式來回應，獲得心靈印證的人都知道那不是「巧合」。莫妮卡的提案不僅爲員工發展提供了更好的機會，合作方得到相應的企業形象提升，消費者享受到品質優良與安全的伴手禮，有機小農接到訂單後，能夠鼓勵更多其他小農轉到有機栽培。「高層智慧」以集體爲重，衆人受益最大化的宇宙法則下，快速地批准了這個「完美的」提案。

開啓新人類心智潛能

西瓦超心靈感應系統：濃縮古代心靈智慧的精華

傳奇的西瓦年輕時嘗試各種方法來探測心智，在探索大腦奧祕的二十二年裡，他研究了所聽到的每一種現象，諸如算命、水晶球凝視、塔羅牌、靈擺、顯靈板、探測棒、通靈、星體投射、轉世、占星術、命理學等。他還研究催眠，透過深度催眠來研究人類如何運作大腦，進行回溯過往及前世的記憶；他也學習神祕組織「玫瑰十字會」的技巧，這些古代傳下的神祕宇宙知識，融合神祕主義、哲學和科學來探索「神祕智能」。他看到人們似乎從這些技術中受益，但事實上，他更想知道這些說法是否屬實、有價值，所以他研究這些技術來了解它們是怎麼回事，以及是什麼讓它們起作用的。在研究過程中，他運用自己獨特的洞察力和直覺能力去發現這些技術背後的原因，然後開發了自己的系統，去掉了神祕、誤導和表演技巧的雜質，爲我們提供了今日擁有的簡單技術——西瓦的超心靈感應系統濃縮簡化了這些古老的技術，讓學習者能做到比這些技術更多的事情。古代智者心靈智慧的精華，透過有心人士的傳承與改進，揭開這些玄祕的面紗並展示在世人面前，使得現代文明的問題得以修正，這也是我引進這個系統的重要原因。

經過西瓦的研究以及長期調頻的領悟，這套完整的系統在他早年時期就已經被開發出來，但當時保守的宗教及社會風氣，人類對心智的探求不像現在那麼開明，因此這個心智學習系統被隱藏了近四十年，取而代之的是教導一些催眠及心理暗示的技巧。在那個時候，心智控制相關的名詞還相當敏感，所以你可能會從網路上看到西瓦心靈術。一直以來，超感官直覺力（ESP）被認爲是天生的能力，依照每個人的天賦不同而異，從來沒有人宣稱可以發展增強這個能力的學習方法，即使是西瓦訓練他的孩子及召募來的學生，證明了這是可以被訓練的人類潛能，但還是不能爲普羅大衆所接納，科學界的菁英對此類研究更是嗤之以鼻，因此相關的研究及成果始終上不了檯面，偶爾引起輿論的實驗結果也大多無疾而終。

隨著時代演變，人類意識產生變化，教授多年西瓦心靈術後，西瓦的家人希望他把舊技術整理成新課程，他拒絕了。西瓦於一九九九年離開我們，去世前兩年，他決定公開這套他始終想教的系統，成立了新公司，並把經營權交給了大兒子。

西瓦心靈系統啓迪了許多暢銷心靈作家

西瓦的學員中不乏暢銷心靈作家，其中以「心靈雞湯」（Chicken Soup for

the Soul）系列作者之一，馬克．維多（Mark Victor）最爲大家所熟知，他學習西瓦的方法得到了財富自由，並開始享受豐盛成功的人生，而他所做的只是運用西瓦的技巧來行銷自己的創意。另一位作家的暢銷書《你的誤區》（*Your Erroneous Zones*）在全球賣了將近一億冊，他就是激勵之父與心理學大師偉恩．戴爾（Dr. Wayne W. Dyer）。他表示仰慕西瓦的心靈系統已久，並使用這個系統的方法來幫助克服疾病、意外以及不必要的手術。戴爾在各處旅行演講並有四十多本著作，同時也是個慈善公益家。除此之外，還有新時代作家夏克蒂．高文（Shakti Gawain），她的許多書特別強調創造性視覺化、直覺、靜心與心靈覺醒，她提到所學的西瓦技巧中最重要的就是「創造性視覺化」，認爲這是個非常神奇有效的技術。

在這些暢銷書作家的作品中，都不難發現西瓦心靈系統的啓迪。藉由他們的實踐及傳播，全球更多的人受到心靈啓發，受啓發者逐漸形成一股無形的力量，這個關鍵族群足以影響世界的集體意識，促使更多的人邁入人類第二階段進化。

心靈智商是新人類必備的基本特質

在西瓦教導的帶領下，全球數百萬學員創造了自己的生命奇蹟。大家都希望得到成功、繁榮與富足，在他的超心靈感應系統中給了我們一個公式，這段話出現在西瓦「核心練習」引導的結尾，它是這樣寫的：「你們將繼續努力參加建設性和創造性的活動，使這個世界更美好，這樣當我們繼續前進時，我們就爲後來的人留下一個更美好的世界。你們要以父親、母親、兄弟、姊妹、兒子、女兒的身分，視乎年齡，考慮整個人類。你是一個優秀的人，你對他人有更大的理解、同情和耐心。」從這段文字可知，西瓦已經爲未來人類社會勾勒出新藍圖，這是一個心智高度進化的大同社會。他鼓勵我們「參加建設性和創造性的活動，使這個世界更美好，這樣當我們繼續前進時，我們就爲後來的人留下一個更美好的世界」，這對當下面臨氣候暖化及各種地球問題的我們來說，有如暮鼓晨鐘。尤其他提到：「當我們繼續前進……」這是一個有趣的短句，我們不只是投入幾十年的工作，然後一切就結束了；我們在宇宙的責任會繼續，從更高層級的角度來看，西瓦先生表示你將更接近上帝，渴望幫助上帝所有的創造及屬靈的生物，而且會更有效率、更成功和快樂。

在本書的寫作進入尾聲時，由大陸武漢擴散的新型冠狀病毒肆虐全球，人類面臨個體人性與集體意識的嚴峻考驗，電視每天都出現排隊買口罩的不安畫面。當下我發起一個團體三場景練習，希望學員透過觀想來消弭人群的不安，降低疫情影響。在第一個畫面中，我讓大家回想電視上重複不斷的新聞畫面；在第二個畫面中，每個人都買到口罩，路上看到各種創意花色的口罩；在最後的結束畫面，馬路上的人都不戴口罩了，好像這一切從來沒發生過。

我們的意念隨時都在創造實相，尤其是那些記憶深刻、觸動情緒的畫面，負面恐懼的想法只會創造更多的不幸。萬物相連且皆有意識，病毒與細菌也能接收到你的意念，你也能正向積極地在細胞層級展開溝通，讓它們平和地離開你的身體，或激勵自體細胞產生抗體，驅離這些不速之客。如果你的健康是爲了服務衆人，繼續未完成的人生使命，改進地球成爲更適合生活的地方，那麼在進入內在意識時，你的願望會在細胞乃至量子層級被實踐。西瓦在「核心練習」引導詞中數度提及，積極參與「建設性」與「創造性」的活動，並強調：「負面消極的想法與提議，在任何心智層級下都不能影響你。」

上世紀末開始的末日預言熱潮，不論是透過考古、天文或通靈獲得的資料，都一再顯示地球正處於轉變的週期，預言中的災難將不斷挑戰人類，現在目睹的一切都只是個開始。在這個關鍵時期迎來了許多心靈導師，西瓦正是其中一位代表。他的教導不淪於形式主義的空談，著重心智鍛鍊與積極創造，並將一生的研究及領悟透過可複製的系統，傳遞給將來要面臨考驗的人類。人類已知文明以來，許多先知的智慧被扭曲與誤解，西瓦將心靈的科學知識與技術留給後人，希望這次智慧能眞實被保存、延續，幫助還未完全準備好進化的人們：時機到來時，你的學習與鍛鍊將派上用場，協助人類度過難關並浴火重生。

未來的人類新時代，心靈的感官將不再是「潛能」，繼已知的ＩＱ、ＥＱ後，心靈智商ＳＱ（Spiritual Intelligence Quotient）將是新人類必備的基本特質。

後記

心靈覺醒與學習之旅

在還沒有代理這套系統之前，我一直在尋找一套能夠幫助受困者獲得改變的學習方法。在讀書會及大腦營養分享會中，許多人問我什麼時候會開課，當時我一直摸不著頭緒，也不知道能夠教大家什麼。

事後回想，一路走來皆有跡可循，在能量的層級或平行次元的時空，這些安排早已在運作，原本是爲了自我療癒的學習之旅，誤打誤撞成了潛能開發的教練。我的覺醒受到了許多高層智慧的引導，無論在人生哪個階段，或是來自哪個層級的教導，一切都是循序漸進、按部就班地進行。

現在的我懂得臣服於造化的安排，專注於內在聲音的導引，敏銳觀察一連串的巧合，來判定是否屬於高層的暗示。如此多了內在導師做靠山的人生，我們將能洞察先機、不再做錯抉擇，探測問題解決之道、少走冤枉路。我覺得有必要分享自己一路走來的心路歷程，幫助在人生長河中迷失或覺醒的靈魂，指引一個正確的方向及道路。

另一個眞實的世界

你是否跟我一樣帶著許多疑問來到世上？隨著年紀增長，越來越多問題促使我們不斷追尋，物質與心靈生活的衝突從未停歇，直到某天遇上靈性經驗的啓發或物質世界崩解而帶來自覺——如果這是你的經歷，恭喜你正走向覺醒之路。更多的人還在物質生活的壓力下掙扎，早已放棄或遺忘心靈的探索，唯有在夜深人靜時，偶然觸及內心底層的微弱呼喊，心靈上刹那的驀然回首。

每個人的際遇與發展看似殊途同歸，卻有著天壤之別的差異。宿命論是大多數東方人的思想根基，輪迴、業力、靈界與神祇成了託辭與寄託，冥冥中天注定、一切隨緣、多做善事、多積陰德，這些教條式的行爲準則塑造了集體意識，集體意識形成社會的普世價值。有多少人願意眞的探索這些現象的本質？你是否願意挖掘隱密世界的眞相？

我的兒時記憶跟許多人不同，由於早產提早來到這個陌生又熟悉的世界，先天體質較弱，幼年一段時間都在生病請假中度過。在團體中或私底下我顯得很文靜，大部分時間我喜歡觀察人群，人們不須開口我立即知道他們的心思，或者也能從人與人的互動中看出彼此的關係。多數時候我選擇遠離人群，我無法應付人多時的壓力，那個時代我還不知道潛意識與受困情緒，也沒聽過人有氣場（量子磁場）這回事。我還記得走過特定路段時會特別恐懼與不安，那時我不知道自己能感應地理磁場，只曉得某些地方會讓我特別虛弱，有時出門返家後特別累，這個特質一直保留到現在。

兒時有幾件事至今仍令我印象深刻，其一是我有許多鮮明深刻的夢，其中一個經常重複的夢是我在草原騰空飛躍，感覺自己像是在火星上的「強．卡特」（電影《異星戰場》主角），身處地心引力遠小於地球的其他行星，非常享受身輕如燕，在草原上飛奔。另一個夢更精采絢麗，在夢中眺望我家巷底的公園，一條活靈活現的金色巨龍在煙霧中翻騰，萬道金色光芒四射，視覺聲光效果比現在的虛擬實境還逼眞，這個夢境只出現過一次，至今仍記憶猶新。

隨著年齡增長，我仍有不少奇幻的夢境。一次場景中，我與數名地球人穿著打扮的陌生人在海邊，十多人或站或坐在礁石上遠望，天空出現奇異七彩光芒，背景有數個巨大行星高掛空中，藍色的天空襯托出灰白色星體，耳邊傳來陣陣海濤之聲，場景是如此寧靜安詳。夢中亦不時出現奇異星球的城市景觀，以及不斷重複拜訪的熟悉地點，在某些歐洲城市角落駐足，也讓我有似曾在此生活過的感觸。

虛幻且眞實的世界彷彿有數道屛障，透過不同媒介向我揭示部分面貌，或藉由不同工具揭開迷霧般的帷幕，其中的管道之一便是書籍。我特別喜愛消失的遠古外星或地球文明的資料，對通靈及外星人調查更是情有獨鍾——最喜愛朵洛莉絲·侃南（Dolores Cannon）一系列外星人綁架通靈調查報告，閱讀當下彷彿喚起了前世的記憶。

我豁然明白前世曾參與地球的工作，此生爲了特殊目的來到地球進行未完成的任務。在地球上有許多夥伴擁有同樣的使命，有些投生爲人類形體，另一類以能量（光）的形式協助我們工作，我們每個人只負責一部分任務，在整個龐大宏遠的跨銀河計畫中，地球的此生只是一個停駐點。我們並不是孤單無援，高層智慧在隱密的世界看顧著我們，我們在前世都是他們的家人及夥伴。

某一晚闔上書進入夢鄉不久，我忽然聽到類似靜電的呲呲聲，同時發現房間內有不明光點閃爍跳躍，整個過程持續了數分鐘。爲了證明不是眼花，我特意將目光轉向窗外，再回頭注視房間角落，光點還是在那兒飄移，忽高忽低、時強時弱，我心裡突然有個聲音告訴我，他們來探訪我了。

在我身上，類似這種奇異的超現實體驗發生過不只一次。我的一次異象目擊發生在早年留美時期，那時與朋友開車前往東岸旅行，參觀過華盛頓特區後，我們轉往郊區的汽車旅館過夜，半夜大約三點時我忽然醒來，發現棉被上有直徑約三公分的綠色光點。當下感覺像是窗外投射進來的光源，我下意識挪動了一下被子，發現光點還在原處，心想可能是路燈透過樹葉的投射。接著友人打開室內燈，隨後關燈，綠色光點卻消失得無影無蹤，好像這件事從來沒發生過。另一個超心靈體驗更爲眞實，我參加在山上舉辦的別墅動工儀式，當時請來一位業餘道士，只見穿著道袍的他搖著旗，口中唸唸有詞，隨即轉頭望向我說：「待會兒會有點冷！」我愣了一下，內心還在納悶之際，瞬間感覺風從四面八方撲過來。因爲覺得冷，不知不覺走向有日照的地方，當下抬頭四處張望，根本是一個無風的豔陽天。我特意觀察樹林，發覺樹枝連動都不動。這股冷風持續了將近十分鐘，但這十分鐘卻像數十分鐘那麼長。此外，我不時在不經意的場合被告知「祂們說，你很好、很不錯」「你來自高層」之類的話，聽得我一頭霧水，不知如何作答，或許我因爲特殊的使命而來。這些奇異景象至今無從解釋，我意識到這是超心靈的體驗與暗示，我能接收別人無法感知的不同時空訊息，另一個次元與目前的三維世界一樣眞實。

自幼非常排斥迷信與宗教儀式的我，對於似是而非的習俗難以認同，對心靈知識及科學發現卻求知若渴，我的書單總是冥冥中被指定爲功課。在閱讀某些書籍時，常感覺自己下載了一段程式及密碼，當時我已在爲一些個案進行諮詢，這些下載資料或許增強了我的療癒能力。

除了人生中奇特的超心靈經歷，我也時常被一些連續巧合及暗示所導引。這是我的覺醒與學習之旅，透過連結高層智慧帶給我啓發，揭開隱密卻又眞實的神祕世界。

我的靈性導師

我跟許多人一樣從摸索中窺探心靈祕境，年輕求學時期的我非常喜歡心理學相關書籍，之後正統心理學已不能滿足我的求知欲，便轉向了心靈領域。當時新時代正處於萌芽階段，同時期許多讀者跟我一樣，高靈「賽斯」成了我人生的啓蒙老師。接觸賽斯思想後，我開始明白「全我」的概念，也逐漸承認存在身體內的另一個我，有些人稱之爲「高我」「較高的存有」，西瓦則稱之爲「高層智慧」。

自幼時以來，我感覺世界是被投射出的虛幻景象，夢中的世界反而比較眞實，各種感官比物質世界強烈許多。反觀物質世界中，想要什麼都很吃力，適應也很困難，更不用說心想事成了。在舉步維艱的物質世界中，上面來的使者能夠指引人生迷途，應該是每個人所盼望的，而這個「導師」通常是外在的「角色」，也就是我們膜拜與祈求的「神」。我研讀各種宗教經典，就我所知，「導師」隱身於現實物質生活中，唯有從內在心靈才能探觸到祂。

我心中一直有個疑惑，直到接觸另一個「教導」的啓發，困擾已久的疑問才逐漸得到澄清。我不知道是否每個人都聽得到「另一個」聲音，這跟「發自內心的聲音」有些不同，感覺是有人對我的大腦傳輸訊息，比較接近靈感或直覺，有時候以「關鍵字」方式浮現，有時候是一連串畫面，更有些時候像是「喃喃自語」，如果我沒有去實踐那個「想法」，聲音就會在腦海不斷迴繞。直到我看了尼爾·唐納·沃許（Neale Donald Walsch）的《與神對話》，這種現象才獲得了解釋，也終於明白那個聲音來自「高層智慧」。接觸西瓦的教導後，我學習如何透過高我（上帝的代表）來主動接通「高層智慧」，這與被動地接收訊息有很大的不同，我可以依照需要的目標來尋求協助，或當我不知道方向時立刻獲得指引。

有些管道將這個聲音的來源稱爲「指導靈」或「靈性團體」，我們與這個團體有緊密的連結，屬於一個靈性的整體。在伊曼紐·史威登堡（Emanuel Swedenborg）所著的《天堂與地獄》提到，他被帶到天堂遊歷了好幾次，一位天使向他說明了「靈魂家族」的概念。在艾德格·凱西的通靈報告中也有類似描述，同個靈魂團體的成員在輪迴過程中，扮演不同家人及親友的角色，人類的轉生投世需要與靈魂團體共同討論。

我所知道的是，「那個聲音」只是一個管道，類似傳訊者的角色，有時候傳訊者直接把意念傳達給我，有時候其他的靈性智慧透過管道來給予指導，通常他們不會干預我們的生活，因爲此生旅程是我們與指導靈共同的協議。

我是一個從事設計的創意工作者，會走到心靈療癒與潛能開發，這一路上獲得不少引導與學習機會，指導靈透過書籍及網路向我傳達訊息。

有次在工作的休息空檔，我無意間看到網路上的巨大麥田圈，被這些複雜美麗的圖騰所吸引，花了一整年蒐集許多令人驚嘆的資料。在研究巨石陣（Stonehenge，麥田圈大多出現在這附近）歷史時，我突然接收到一個靈感。當地曾經出現塞爾特人（Celt），公元前兩千年曾發展出高度且豐富的文明，巨石陣正是豎立在過去塞爾特文明的遺址上。「Celt」源自拉丁文「Sil」，是「發光」的意思，鐵器時代的民族大多崇拜光明。這個時候，一個名字從我腦中跳了出來——「Silbeing」，一個聲音告訴我這是「光的存有」的意思，剛好我的名字最後一個字也是「光」。西瓦表示，一連串巧合代表高層智慧的暗示，從此我就取了「史爾賓」（Silbeing）這個名字，在我的生活中擔任導師、朋友、傳訊者與守護者的角色。

在此生尋找答案的路途上，我不斷受到史爾賓的指引，藉由閱讀的形式來增加我的靈性知識，現在我已能接受此生的使命與任務。此外，高靈也希望我透過課程來強化某些心靈能力，療癒輪迴中業力帶來的負面影響，以及現世物質身體所承受的不平衡。這些課程包括臼井甕男（Mikao Usui）的「靈氣」、布萊利．尼爾森的「情緒密碼」（編注：書籍《情緒密碼》由方智出版社出版），以及西瓦的「超心靈感應」系統。西瓦先生的系統經過科學驗證，能有效進入潛意識修正並解決問題，可運用在日常生活任何層面，相對是較積極、正向且治本的方法。這些冥冥中的安排，給準備好的靈魂一個學習機會，也猶如迷霧中的一盞明燈，替星星種子照亮回家的路。

靈魂暗夜的降臨

我的人生在進入不惑之前堪稱順遂。從小功課平平、時常請假，卻能如願念到喜愛的建築系；進入社會第一份工作就參與國際機場設計，順利出國後在喜愛的芝加哥進修，並意外轉到知名的密西根大學就讀；期間參加丹麥哥本哈根大學交換學生計畫，展開了歐洲遊學之旅。在東西文化衝擊之下，眼界大開之外，人生觀從此獲得擴展。我始終感覺自己與西方有強烈連結，西方人的文明及靈性素養令我景仰，眞誠、純潔、正直及開放的心靈特質深深吸引我；之後學會使用肌肉測試做回溯，與西方的前世連結也獲得了證實。西方人獨立思考的能力、跟隨心靈的直覺力、不受物質羈絆的堅毅、勇敢追尋夢想的執著，這種對人生使命覺知及執著的態度，我在多年後才逐漸了悟，對我往後心靈學習的路途影響甚鉅。

我年輕時常被旁人視爲人生勝利組，曾是公司及部門爭取的當紅炸子雞，直到某天上班途中，背後傳來一個聲音：「你知道你是拖著自己在走路嗎？」當下我愣了數秒。原來這位老兄在同棟大樓上班，他的提醒有如醍醐灌頂。我雖受公司器重卻也因此時常加班，事實上過得並不開心。沒多久我便申請留職停薪，從此再也沒回去。我離職後沒多久，那間公司就陷入財務困境，自此我開了自己的第一間設計公司；開業沒多久，我就接到海外案件，並在對岸開了新公司，當時的我才三十出頭。驀然回首，我驚覺這一切巧妙的安排，「高層智慧」一連串的「暗示」絕不是巧合，如果當時沒有陌生人的提醒，後續會如何發展呢？我的人生因此拐了一個彎，邁向早已設定好的覺醒之旅。

海外的工作在文化及觀念的差異下，進展得不太順利，焦慮、易怒、缺乏耐心是我的日常慣例，再加上頻繁的差旅行程逐漸耗損精力。時間一晃就是七年過去，心力交瘁下，我對人生開始感到茫然。在某次例行的出差行程中，我接到電話，得知家裡出了事，於是連夜驅車，隔天立即買機票返台。抵達醫院後，父親已是昏迷狀態，毫無心理準備的我頓時感到茫然。面對短暫脆弱的生命，內心的聲音不斷在腦海迴盪：「人生有何意義？」突然間，建構生活的根基開始瓦解，過去依賴的物質世界成爲虛幻，感覺自己有如水中浮萍，不知何去何從；同時發現我的身體也開始崩解，便決定結束所有工作及事務，一年後返回家鄉休養。

然而，等在前方的是更艱難的挑戰，我的內分泌及神經系統的混亂開始浮現，這些症狀逐漸成爲我的日常。之後在療癒他人的過程中，我才領悟，物質世界瓦解後的受困感，正是提出疑惑並追尋解答的契機。我需要找到眞相並使自己痊癒，便開始學習各種知識與技術。

我的第一個療癒課程是臼井靈氣，在學習過程中，我感受到能量經過雙手的輕微刺痲感，類似小幅電流通過身體的感覺，也感覺到能量的輸出或傳入。日後練習得多了，我才明白，冰冷的刺痲感是能量電流所致。這個經驗爲「西瓦超心靈感應」的學習扎下了基礎，增強了我心靈感官的敏銳度，也應用在日後「核心練習」教學中。任何療法都無法一蹴即成，需要日積月累重複施作，持之以恆就會有一定程度的效果。

我大量吸收各類心靈及醫學知識，了解自律神經對於人體極爲重要，長期壓力下處於戰或逃的模式，導致交感神經隨時處於緊繃狀態，就好像拉久的弓終有一天會斷裂。容易緊張及無法控制的神經緊繃，加上深沉睡眠時間不夠，我很快就用光精力並容易感到疲倦，便開始學習瑜伽及靜坐。我嘗試過兩種以上的印度靜心，一種靜心法藉由放任意識來達到放鬆，但我每次都在瞌睡中被喚醒，過程雖然只有二十分鐘，清醒後卻覺得精氣十足，但心裡總是納悶，這跟睡午覺有什麼不同？另一種靜心極爲嚴謹，每次要向上師磕頭並在心中追隨上師，過程中更要觀想能量的運行順序，腦中還要出現特定音符，最終我放棄如此複雜的靜心。之後，我嘗試腹式呼吸及道家吐納，利用呼吸將海底輪的能量調動起來。最終，我找到進入潛意識的「西瓦核心練習」，這是最簡單、最科學、最有效率，能夠完全放鬆身心的基本調頻。

許多身邊的朋友正經歷靈魂暗夜而不自知，來臨前會以各種物質打擊爲預兆，例如巨額金錢損失、婚姻失敗及重大疾病，其中自律神經失調、慢性病及癌症最爲常見。準備好的靈魂會從物質實相中抽離，對生命過往提出反省及疑問，並開始學習靈性啓蒙知識及技能，某些人會轉換人生跑道建立新志業。但大多數人深陷於暗夜中的負面過往情緒，缺乏覺醒的意識與勇氣，這些靈魂隨著振動頻率下降，失去成長及升級的機會，將在下次輪迴後再度經歷此過程。如果你或身邊的朋友正處於上述情況，請鼓勵他們朝正向與積極的方向邁進，並開始本書建議的靈性學習。

經歷靈魂暗夜的覺醒，我領悟了宇宙運作的法則，學習進入潛意識解決問題，也憶起生命藍圖的使命，以及更重要的、關於「我是誰」這件事。我們的地球也正經歷靈魂暗夜，災難與混亂是黎明前的徵兆，集體意識的選擇將決定我們是否躍升。眾多跡象顯示，西瓦先生所稱的「人類第二階段進化」即將來臨。

身體與心靈的因果

我曾看過許多心理學及催眠資料，明白生理失調與早年或前世的經歷有關，這些不愉快的經驗雖然早已被遺忘，但當下的情感記憶會被保存在潛意識裡。潛意識就好像一個純真的孩子，會永遠記得深刻的當下情緒，這股情緒形成一種能量場，儲存在生命的雲端資料庫中。

許多書籍都探討過潛意識情緒，「情緒密碼」發明人尼爾森博士將他在整脊治療的發現，透過臨床案例的實驗及論證，發展出一套生理診斷系統，不同受困情緒可對應人體的器官，透過肌肉測試查出後，可沿著脊椎釋放受困情緒。我回想起學過的印度靜心，在黃昏時刻靜坐，想像累積在脊椎的負面情緒如同黑色煙霧沿著脊柱往上飄，消散在乙太的純淨之光中。能量療法讓我踏入潛意識的研究，也爲「西瓦超心靈感應」系統中的「人體透視」及「健康案例」打下扎實的基礎。

爲了順利取得美國官方療癒師證照，我幾乎每天見到人就爲他們測試。親友抱著半信半疑的態度接受這項實驗，不久後，我累積的案例遠超過官方要求，前後大約測試了一百名志願者，測試結果讓大部分人震驚；驚訝之餘，隨之而來是一陣沉默。不論是健康或生活狀況，每個問題都有對應的數個受困情緒，其發生時間、地點及相關人事，只能間接透過肌肉測試探查。測試當下，我查出了受困能量球的位置，因爲身體磁場受到外來能量干擾後，該部位會產生能量場扭曲，進而影響血液及養分輸送，也會阻礙新陳代謝及免疫功能。許多身心失衡及生活不順遂，我發現都跟早期的挫折與際遇有關。研究蒐集的案例讓我逐漸理解，潛意識記憶主導了大部分的人生，也是人生價值觀與信念形成的緣由。

在接觸西瓦的ＥＳＰ訓練之前，我仍無法深入潛意識進行探測。我曾每天釋放各種受困情緒，走路時感覺身輕如燕、健步如飛，但過一陣子只要不繼續釋放，馬上就恢復原本沉重的步伐。同樣的，調理過的身體維持一段時間，經過一陣子怠惰及忽視，狀況又返回從前的樣子，不知要釋放多久身體才能恢復最初的狀態。我以爲我找到了潛意識的解答，但身體與心靈的因果關係仍然是謎，解決潛意識問題應還有其他方法。

直到接觸了西瓦先生的教導，我意識到問題在潛意識之內，透過外在的手段只是隔靴搔癢。我們運用大腦的方式錯誤，導致身體系統混亂，左腦是造成失衡的元凶，問題在於我們無法運作右腦，進入潛意識來修正問題，而西瓦創建的訓練系統，正是在開啓右腦潛能，透過心靈感官的運作，在潛意識層面眞正解決問題。

療癒的眞相與謬思

西方的醫療起源於戰爭，因治療大量的病患而研發止痛消炎藥物，爲了避免大規模傳染疾病而發明各式疫苗。療效迅速的抗生素在戰後廣泛使用，我小時候印象深刻的盤尼西林即爲代表之一，記得每次感冒發燒不停，醫生的終極武器就是注射盤尼西林。在水痘、天花還盛行的年代，小學時注射疫苗的恐懼畫面仍記憶猶新，注射完幾天後的排斥反應，導致許多人身體不適，在整合醫學不發達的年代，這些經歷導致我們生理的混亂。我曾參加一個營養學演講，主講者是在藥廠任職的醫學博士，工作是替藥廠測試藥物的副作用。演講中她提到，每種西藥都會產生程度不一的傷害，爲了修補對身體造成的破壞，必須研究新藥來治療。西方醫學除了只治標不治本之外，還讓身體陷入無法修復的惡性循環。

既然西醫有那麼多的副作用，中醫這方面的顧慮應該比較少。我曾經在海外某知名大學附屬醫院就診，並到專科主任家進行專門診療。當時有個情景讓我十分好奇，他家中大白天有許多蟋蟀叫聲，原來他在床底下養了很多「蛐蛐」。主任告訴我蟋蟀的叫聲能夠「安神」，當時我不太明白他的意思，只覺得趴在診療床上聽背景音樂很享受，學習「核心練習」後我才明白，固定的音頻（α 波或 θ 波）能夠調整並降低腦波。當時我在疲勞之餘，經常藉由推拿來放鬆，也向專業中醫師學習過人體經絡，我發現在身體疲勞痠痛時，身體的確累積了許多情緒。

中醫的療法針對某些症狀有快速療效，但消除病因則需要較長時間，效果依個人體質而異，很難做科學的驗證及判定。不管中醫或西醫都以物理介入爲手段，畢竟是藉由外在的干預來做修復，是否有由內而外的方式呢？

這時，我轉向新時代的靈性療法。我研究過大部分療癒派別，有些以心理學爲本並以催眠爲輔，以NLP神經語言學及各類催眠爲代表；一類講求能量導引或釋放達到身心平衡，例如各類靈氣、情緒密碼、EFT情緒釋放、療癒密碼等；另一類源於宗教延伸的靈修活動，以祈禱唸誦、靜心爲主。這些療癒及修練在節奏快、壓力大的環境中，提供了傷害最低的自我修復方法，但需要極大的耐心來重複練習，缺乏信心並半途而廢乃司空見慣。

西瓦的方法跟以上三者都不同，它統合了心理學、催眠與心靈的知識，在科學能夠驗證的條件下，發展成一套可複製的學習系統。我在許多學員身上發現，某種療法只適合特定情況的人學習，在每個人心智發展的不同階段，這些學習管道開放給準備好的人，也就是在特定時間及條件下覺醒的靈魂。

在過去學習的能量療癒中，我還不知道如何根本解決「因」的問題，只好從表象的「果」來下手。我從個案及自身發現不少盲點。

◆爲何會產生受困情緒？

不同的人經歷同樣的事物，爲何有些人會遺留受困情緒，有些人卻完全不會？

◆需要清理多久？

我們有太多清不完的累世情緒，就算清了大半仍會不時產生新的情緒，要清多久才能告一段落？

◆能否自我修復？

能量釋放及療癒過後，人體會自動恢復自我修復機制嗎？如何確定修復已經開始及結束？

◆是否會反覆出現？

不適症狀消失後，身心平衡能維持多久？不復發的機率有多大？

以上疑問一直困擾著我，因爲負面情緒像滾雪球般清理不完，也無從查明或遏止這些負面能量產生。人體似乎很難啓動自我修復機制，身心不適的症狀反反覆覆，似乎是一個永不止息的漩渦。探索又掉進了死胡同，看似發自內在，但其實還是藉由外在的手段，事實上我根本無法進入潛意識層級，更別說在潛意識內探觸並解決問題了。現在我明白，謎團是爲了之後的學習而鋪陳，接觸了西瓦的教導後，我放棄身體外在的釋放療法，改爲直接進入內在意識核心，學習檢視並接受現況，在心靈維度另外創造新的實相。

心靈永不生病

在幼童的身上，我們觀察不到負面能量，就算發生不愉快的經歷也很難產生受困情緒。我們身上原有的孩童活力、天眞與樂觀逐漸在成長中被消磨，身體的免疫及修復機制也開始失靈。究竟是什麼環節出了問題？回顧我們的成長過程，科學昌明但人類卻不快樂，醫學越發達，醫生卻越來越多，新藥物帶來的是更多的病症，西醫、中醫、靈療如百花齊放，相關產業產値越來越大，我們無法解決的問題卻雪上加霜。這一切情景像是高速公路大塞車，漫長無奈的車陣中，誰都不知道前面發生了什麼事。

我在自己辦的分享會及工作坊中提出過這樣的問題：「是心靈先生病，還是身體先生病？」大部分人都會贊成心靈先生病，但這個問題如同雞與雞蛋的因果，沒有標準答案。我堅信「心靈永不生病」——是我們誤認爲它生病了，於是物質顯化出心靈生病的樣貌。

如果我們有完好如初的健康身體，就不會感受到壓力與沮喪，身心即使失衡也會很快恢復。上帝依據祂的樣貌創造了我們，並吹了一口氣在最愛的創造中，人體具有完美且智慧的生化機制，能適應各種地球環境問題，具創造力的靈性能量可以解決任何難題。諸多研究顯示，生理機制的混亂導致我們失去原有的本能，壓力只是壓倒駱駝的最後一根稻草。物理及心理治療只解決了表面的症狀，能量療法也只能消除部分的氣場阻塞，如果無法進入潛意識運作，療癒終究是個假議題。

經過美國頂尖大學醫學院的不斷研究，造成人類身心失衡的原因已被發現，隨著跨領域團隊的長期合作，整合自然醫學在西方逐漸形成新勢力。一次在二手書店搜尋大腦相關書籍，我無意中發現馬克・希曼博士的書，裡面揭開了人類長久身心失衡的謎團。馬克．希曼博士認爲，身心失衡現象是因爲身體發炎，導致系統混亂。複雜的人體由消化、免疫、內分泌、神經等數個系統協同運作而成，器官的失調牽涉的不僅是單一系統，但身體單一器官的發炎卻會蔓延到全身，導致身體整個系統的混亂及失去作用；而全身發炎的現象終將蔓延至大腦，導致大腦神經細胞發炎、壞死，破壞神經中樞的正常傳導功能——這個中樞是協調全身系統運作的指揮部，也負責交感與副交感神經的運作。生理表面的不適症狀形成已久，隱藏在底下的發炎現象已蔓延多年。

回想我們的成長過程，疫苗、藥物、空氣、土壤及水都含有重金屬汞化合物，土地缺乏微量礦物質，導致食物中缺乏關鍵維生素，而這些特定維生素與大腦激素形成有關。這些神經傳導物質中，多巴胺、GABA（Gamma-AminoButyric Acid，4-胺基丁酸）、血清素使我們快樂，幫助放鬆，血清素的多寡與幫助睡眠的褪黑激素有關。馬克．希曼博士推薦維生素、運動及心靈活動的綜合療法，心靈活動中最主要的就是靜坐。在大腦與靜心的相關研究領域中，權威喬．迪斯本札博士證明靜心確實可以增加免疫球蛋白，降低壓力荷爾蒙皮質醇，還可以活化松果體，將褪黑激素轉化爲鎮定及抗發炎的化學物質。此外，許多研究也證實靜心可提升血清素的濃度。

現在整個謎團答案已揭曉，重要的心靈活動「靜心」能降低腦波，並促使壓力荷爾蒙下降，讓大腦製造並釋放各種內分泌激素，使腦神經傳送出正確的訊號，同時活化松果體，啓動身體複雜的免疫自癒系統。

西瓦生前致力推廣畢生研究的「核心練習」，在許多學者專家還未踏進這個領域前，他早已透過電子儀器發現人類大腦的奧祕，研究出如何透過特定的靜心調頻方式，達到關鍵的 α 腦波，並學習停留在神奇的 α 波中，將潛意識轉化爲可運作的內在意識，在這個層級探測問題的根源，改變物質的「能量模具」，根本解決身心失衡的問題。人類心靈探索的先行者西瓦一生從沒有因病進過醫院，他用自己成功健康的人生，做了完美的示範。

你可以避免重蹈我的覆轍，省去許多摸索的時間，直接運用書中提到的技巧，發揮你的想像與創造力來修復身體，透過心靈感官探測問題解決之道，更可以幫所愛的人做任何心靈設定，改善周遭親友的健康及生活。你可以與所愛的人一起做「核心練習」，把降低腦波作爲調理身體的基礎，練習一段時間之後，會發現彼此身上微妙的變化，也會開始覺得各方面越來越好。

如果你認爲已充分準備好，眞心想要邁向心靈探索的道路，願意接受被派來地球服務衆人的任務，歡迎加入「台灣西瓦超心靈感應」（https://www.silvaesptw.com/）的學習，相信一切的安排都不是巧合。

Eurasian Publishing Group
圓神出版事業機構
用心與你對話・視野無限寬廣
方智出版社
Fine Press

www.booklife.com.tw
reader@mail.eurasian.com.tw

方智好讀 131

開啓你的超級心智：

【西瓦超心靈感應2.0版】華人世界第一本終極潛能ESP啓蒙書

作　　者／荷光
發 行 人／簡志忠
出 版 者／方智出版社股份有限公司
地　　址／台北市南京東路四段50號6樓之1
電　　話／（02）2579-6600・2579-8800・2570-3939
傳　　真／（02）2579-0338・2577-3220・2570-3636
總 編 輯／陳秋月
副總編輯／賴良珠
主　　編／黃淑雲
專案企畫／沈蕙婷
責任編輯／溫芳蘭
校　　對／溫芳蘭・黃淑雲
美術編輯／簡　瑄
行銷企畫／詹怡慧・楊千萱
印務統籌／劉鳳剛・高榮祥
監　　印／高榮祥
排　　版／莊寶鈴
經 銷 商／叩應股份有限公司
郵撥帳號／18707239
法律顧問／圓神出版事業機構法律顧問　蕭雄淋律師
印　　刷／祥峰印刷廠
2020年7月　初版
2023年9月　2刷

定價 290 元　　ISBN 978-986-175-558-8

你本來就應該得到生命所必須給你的一切美好！
祕密，就是過去、現在和未來的一切解答。

——《The Secret 祕密》

國家圖書館出版品預行編目資料

開啟你的超級心智：〔西瓦超心靈感應 2.0 版〕華人世界第一本終極潛能 ESP 啟蒙書 / 荷光著 . -- 初版 . -- 臺北市 : 方智 , 2020.07
240 面；14.8×20.8 公分 --（方智好讀；131）

ISBN 978-986-175-558-8（平裝）
1. 超心理學　2. 心靈學

175.9　　109006917

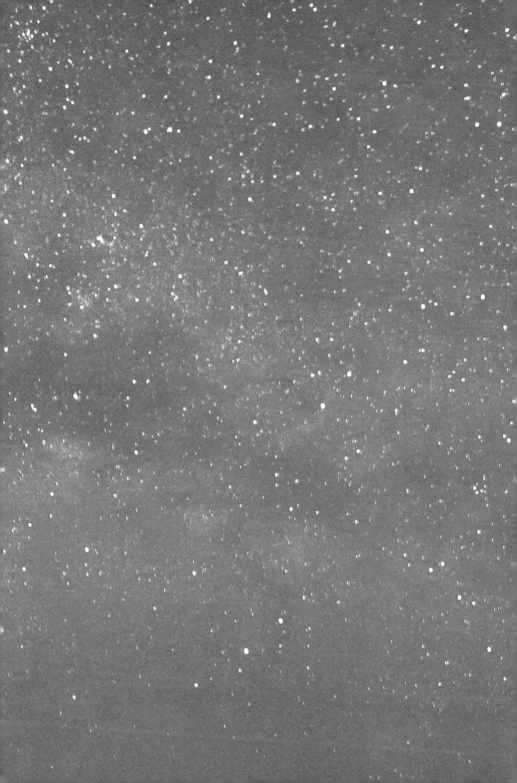